Storia

Collana diretta da Paolo Ruffilli

MANUELA GIABARDO

QUANDO C'ERANO I VENETI

BIBLIOTECA DEI
LEONI

Quando c'erano i Veneti
©Prima edizione - Giugno 2016

Biblioteca dei Leoni
Castelfranco Veneto (TV)
info@bibliotecadeileoni.it
www.bibliotecadeileoni.com

ISBN: 978-88-98613-66-3

Nota dell'autore

Questo lavoro si propone di rendere conto, in forma il più possibile semplice e sintetica, dei risultati degli studi compiuti da archeologi e ricercatori e del loro accanimento nel cercare una risposta all'interrogativo "chi siamo, da dove veniamo". Non sono state inserite note, perché il testo è frutto dell'attività di ricerca svolta da altri e dunque, per le fonti, si rimanda alla bibliografia qui acclusa.

Prefazione

Per entrare nel mondo dei Veneti antichi, dobbiamo immaginare il luogo in cui la loro civiltà si è sviluppata: un territorio verde, coperto di boschi e prati, graziato da una rara abbondanza di acque e ricco di fauna terrestre e acquatica. Una specie di paradiso terrestre, se confrontato con il Veneto che oggi conosciamo.

Un territorio complesso e vario, costellato di paludi e lagune, in cui movimenti delle acque e precipitazioni, incursioni e regressioni marine potevano provocare anche pesanti turbamenti ambientali, costringendo talvolta interi villaggi a spostarsi in zone più sicure per fondare nuovi abitati. Allo stesso tempo, i suoi abitanti avevano acquisito una tale familiarità con l'acqua da essere in grado di mantenere gli insediamenti in sicurezza, realizzando accorte opere di regimentazione idraulica, drenaggio, canalizzazione e bonifica.

Se centri friulani come Palse di Porcia e Gradisca sul Cosa, erano cinte da fortificazioni costituite da dossi (castellieri), la naturale difesa degli abitati nei settori centrale e occidentale era invece l'acqua, elemento naturale dei Veneti per destino, ma anche per scelta: le città sorgevano spesso sulle rive dei fiumi che conducevano all'Adriatico, mettendoli in comunicazione con i paesi che vi si affacciavano, dalla Grecia all'Africa.

In dieci secoli di vita organizzata, i Veneti non hanno lasciato vestigia monumentali, grandi opere o ingenti ricchezze, come fossero indifferenti al dominio della Storia o dell'ambiente e decisi, piuttosto, a vivere a modo loro, liberamente e in accordo con la natura. In posizione periferica rispetto al mondo greco ed etrusco, erano però una periferia vitale e dinamica, un centro di miscelazione e un volano di diffusione culturale. Erano abili artigiani, "casa e bottega" sin da allora, come testimoniano molte abitazioni a ridosso delle quali sorgeva il laboratorio artigianale; semplici capanne a uno o due locali all'inizio, poi sempre più articolate, all'interno di villaggi ordinati, dotati di sistemi viari ortogonali, in cui gli spazi per le varie attività erano ben distinti e organizzati. E con le proprie "capitali": i centri di riferimento più dinamici in cui si concentravano conoscenze, ricchezza e potere.

Sì che la vien,
eco che la vien
- l'aqua, de la rota
onquò dal Po, doman da l'Adese
e la fa marezana, sta desgrazià,
e la fa el bòvolo, sta maledeta,
e la infusa i morti co i vivi
spaventi somenando
e canpane a martelo
e desperazion:
aqua alta aqua forta aqua marza aqua morta...

(da "Ciao"*, di Gianni Sparapan)*

QUANDO C'ERANO I VENETI

CAPITOLO I

I VENETI ANTICHI

È nel 1876 che emergono le prime tracce dell'esistenza di una civiltà che abitava il territorio veneto molto tempo prima dell'occupazione romana: non lontano dalla stazione ferroviaria di Este uno scavo agricolo porta alla luce due tombe di defunti cremati, insieme a un consistente corredo di vasi in terracotta e in bronzo. Un corredo eccezionale, nel quale spiccano, in particolare, due vasi di bronzo decorati con immagini di animali fantastici e figure umane: sono situle, la massima espressione dell'arte dei metalli sviluppata da quegli antichi abitanti, ma nessuno ancora lo sa. Il direttore del piccolo Museo di Este, Alessandro Prosdocimi, decide di proseguire gli scavi per scoprire di più e dirige i lavori, che riserveranno sempre nuove sorprese.

Da allora in poi, grazie all'ostinazione di varie generazioni di archeologi, sono emerse sempre maggiori testimonianze; oggi sappiamo molto di più su un popolo che è stato un importante snodo tra civiltà diverse – un volano e allo stesso tempo un distillatore di quelle stesse culture – e che ha saputo elaborarle in modo originale, lasciandoci un'eredità ricca e importante.

Emozionante deve essere stato per gli archeologi il momento in cui, a Isola Vicentina, fu ritrovata una stele risalente al IV secolo a.C., con funzioni di delimitazione di confini. Quella stele riportava un nome, infatti: il nome che i Veneti antichi avevano deciso di darsi rintracciabile nel vocabolo "Venetkens"; un termine "composto", che però definisce per la prima volta una realtà ben precisa, un luogo preciso, cioè il Veneto, abitato dai Veneti.

Un popolo che viveva in semplicissime case una semplice esistenza, ma vivace e attivo, che spesso divenne tramite per la diffusione di importanti correnti di innovazione. Nel loro angolo così decentrato, seppero allora diventare una vera e propria centrifuga culturale e, per dieci secoli, raccordarono, facendole proprie, idee, tecnologie, tendenze artistiche, costumi, mode, per poi rilanciarle da sud a nord, da ovest ed est e viceversa, in un grande circuito tra Grecia, Africa ed Europa centrale.

Per molto tempo archeologi e storici si sono chiesti da dove arrivassero, ma ancora non si è fatto il punto sulla loro origine: si tratta di Euganei scesi a colonizzare la pianura? Genti in arrivo dalla lontana Paflagonia? Illiri, e quindi balcanici? Eredi degli antichi troiani arrivati con Antenore a fondare Padova? O, semplicemente, popolazioni autoctone che, da un substrato protovillanoviano condiviso dagli abitanti di tutta la penisola italica, svilupparono un proprio originale modus vivendi. Pur ancora aperto, il dibattito in materia è al momento passato in secondo piano rispetto allo studio della civiltà che hanno espresso. E vero che popoli identificati come Veneti sono attestati in Asia Minore, in Illiria, in Europa Centrale, nel Lazio arcaico, ma la ragione, postulano gli studiosi, potrebbe essere rintracciabile nella radice –wen che nelle lingue indoeuropee significa "legare, unire", per indicare semplicemente "coloro che sono legati da un vincolo (sociale): gli Uniti". Un termine che definisce, in modo generico, qualsiasi "popolo".

È un fatto, comunque, che la loro civiltà si sviluppò a partire dal IX secolo a.C., in un'area che va dal mantovano e bresciano al Friuli, dal Mincio fino all'Isonzo, confina a Sud con l'Emilia protovillanoviana e a Nord con il Trentino-Alto Adige.

I Veneti occupavano un territorio graziato dalla mitezza del clima, da una natura florida, un territorio ricco di acque, fiumi e zone umide con pesce abbondante, coperto di boschi e prati da coltivare, cacciagione abbondante. Vivevano di agricoltura e caccia, di artigianato, ma anche di commercio, in stretta connessione con il mondo etrusco, ellenico e, nelle fasi più mature, anche celtico. Una civiltà forgiata dall'acqua, che aveva dovuto imparare a gestire un territorio ricco di acque spesso "umorali", a difendersi costruendo i propri insediamenti sui dossi più elevati accanto ai fiumi, difendendo le sponde con argini. E sapevano governare quelle acque, controllarne l'impetuosità, creare opere di raccordo per collegare gli abitati tra loro e con il mare e sottoporle a costante manutenzione, bonificando i terreni più bassi per potervi edificare le abitazioni.

Talvolta la disposizione delle città tra rami diversi di uno stesso fiume dava loro l'aspetto di isole; fatto che non mancò di affascinare il latino Strabone quando ebbe modo di visitarle, oramai parte dell'Impero romano.

I Veneti erano domatori di acque. I fiumi determinavano la nascita, lo sviluppo, e anche la fine dei nuclei abitati, sempre in precario ma fertile equilibrio tra acqua e terra. Città-isola era Este; Altino, incuneata tra le paludi e attraversata dall'acqua, era dotata di un efficiente sistema di circolazione attraverso ponti e barche. Anche Padova era prossima a una zona paludosa e collegata al mare da un fiume, il Brenta, che scorreva tra le paludi sfociando nell'Adriatico. Più all'interno ma sempre collegate all'acqua, sorgevano Oderzo, Treviso Concordia, Vicenza e Aquileia.

Tutte erano connesse all'Adriatico da vie d'acqua che, insieme a beni e produzioni, portavano fino al cuore dell'Europa anche il soffio di civiltà lontane, favorendo intrecci che rappresentarono il substrato di una cultura comune; mondi diversi che i Veneti avvicinavano senza timore, capaci di coglierne e rielaborarne le suggestioni senza mai perdere di vista la propria identità. Così, eccoli accogliere elementi etruschi, greci, celti in particolare lungo la valle del Piave, che con l'Europa halstattiana era in collegamento attraverso il Cadore e trascinava correnti di mode, oggetti, usanze e brandelli di lingua, giù fino ad Altino. Elementi celtici sono oggi rintracciabili nei toponimi, nei nomi, in certe usanze come, ad esempio, le inumazioni che affiancano la cremazione nelle necropoli.

Per il Veneto orientale, in particolare, gli studiosi hanno avviato una riflessione specifica, individuando una "koiné adriatica" che lo collegava alla Slovenia e all'alto Friuli e al Trentino, e si manifestò, in particolare tra il VI e il V secolo a.C., con la diffusione di modelli e prodotti quali le fibule a drago e quelle con arco in fettuccia decorato a graticcio, armille tubolari in lamina, decorate o con elementi di pasta vitrea, ma anche pendenti elaborati e antropomorfi, accanto a specifiche produzioni ceramiche quali particolari tipi di olle (ad esempio, quelle con fondo a sacco) e dolii (contenitori per lo stoccaggio domestico), mentre le ceramiche etrusco-padane sono puntualmente rielaborate secondo il gusto locale.

Questo popolo così dinamico, ma anche sostanzialmente pacifico, era anche pronto a difendere la propria pace con le armi, quando si rendeva necessario, come accadde nel 302 a.C. con la cacciata degli Spartani di Cleonimo che avevano minacciato Padova penetrando dalle sponde adriatiche attraverso il Brenta, e più tardi, stipulando un'alleanza con Roma contro i Galli.

Prima dei Veneti

Il processo di "coagulazione" della civiltà veneta si compì sul substrato dei grandi movimenti commerciali e culturali che attraversano l'area mediterranea sin dall'età del bronzo. Prima dei Veneti, infatti, il Veneto non era "tabula rasa": sin dall'età del Bronzo, erano attestati frequenti scambi commerciali con i micenei, la cui produzione ceramica raggiungeva anche la bassa veronese.

Dopo il declino miceneo e una fase di massima espansione degli insediamenti, nel XII secolo a.C., la rete di abitati che occupavano il Veneto sin dal Bronzo finale entrò in crisi. Molti dei centri di pianura decaddero e il territorio finì per spopolarsi quasi completamente, mentre si rafforzava l'area del delta del Po e il Veneto entrava a far parte di un nuovo sistema che aveva il proprio fulcro in Frattesina di Fratta Polesine, in provincia di Rovigo. Un centro sorto lungo il Po di Adria e destinato a decadere, nell'età del Ferro, a seguito degli sconvolgimenti climatici che trasformarono il Po di Adria in un ramo secondario, lasciando però un'eredità importante alle città dei Veneti sorte nell'età del Ferro. A questo centro facevano riscontro altri abitati ugualmente attivi negli scambi commerciali, lungo il Tartaro e l'Adige, nel veronese, nel padovano e nella fascia perilagunare (Concordia e Caorle), ma Frattesina emergeva tra tutti per importanza. Era il principale punto di riferimento per l'acquisizione di materie prime, centro di produzione e scambio per gran parte dell'Italia settentrionale e centrale – qui arrivavano merci dall'Etruria e, attraverso la Sardegna, da Cipro, della Fenicia e del Nord-Africa – e un importante punto di snodo con l'Europa centrale. Si può dire che proprio questo centro abbia dato un impulso fondamentale allo sviluppo della civiltà veneta, come testimonia la presenza di alcuni tra i più importanti reperti oggi disponibili, fondamentali per rintracciare il processo di costruzione della società. Importante centro artigianale, prima che commerciale, Frattesina vantava un giro d'affari degno di una moderna multinazionale: per averne un'idea, basti pensare che un pettine in avorio prodotto a Frattesina è stato ritrovato nella necropoli di Enkomi a Cipro.

Dopo Frattesina, per veder rifiorire forme di vita organizzata, si dovette attendere la fase finale del Bronzo, tra XI e X secolo a.C., quando molti dei centri che sembravano estinti ripresero vita. In questa fase, insieme ai nuovi centri che, in qualche modo, ne raccolsero l'eredità, nasceva anche la civiltà dei Veneti antichi. Intorno al IX secolo a.C., infatti, le popolazioni che vivevano nel territorio veneto trovarono una sistemazione definitiva e cominciarono a organizzarsi in modo autonomo, così come accadeva, nello stesso periodo, in altre aree della Penisola. La civiltà veneta cominciò dunque a caratterizzarsi rispetto ad altre culture contemporanee presenti in Italia (quella villanoviana, in particolare).

Di bronzo e d'oro

Nel corso dell'VIII secolo appariva già chiara la scelta insediativa dei veneti, che tendevano a costituire propri villaggi lungo i fiumi, abbandonando le precedenti tipologie di insediamento dei centri di pianura, protetti da mura e fossati, e di quelli umidi, sul Garda, mentre si stabilizzava anche l'occupazione delle aree montane e collinari. In modo graduale, l'occupazione urbana andò concentrandosi lungo i principali fiumi, in particolare Adige e Sile-Piave. I centri abitati sorgevano spesso alla confluenza di più fiumi o in zone circondate da vari rami dello stesso fiume, assumendo così l'aspetto di isole circondate dall'acqua, come segnalò Strabone in epoca romana. Fu così, in particolare, per Este e Padova, le due "capitali" economiche e culturali dei Veneti antichi.

In una prima fase, nel comparto più occidentale della regione, lungo gli assi del Tartaro-Tione e dell'Adige, si svilupparono i centri del veronese che facevano capo a una fitta rete di abitati minori: fra tutti emergeva Gazzo, posto alla confluenza di Tartaro e Tione, che si caratterizzava come centro di scambi con l'Etruria padana, e Oppeano, sull'Adige, di cui restano le necropoli. Nella fascia centrale del territorio veneto, spiccavano Vicenza e Treviso. Oltre il Piave, fu Oderzo ad affermarsi come mercato e punto di snodo tra area euganea, alpina e orientale, mentre più a Est i centri di riferimento erano Palse di Porcia e San Vito al Tagliamento. Ai piedi delle colline, centri come Montebelluna e Mel occupavano posizioni strategiche, allo sbocco in pianura dei principali fiumi ed erano collegati tra loro da sistemi viari trasversali. Montebelluna, in particolare, assolveva la cruciale funzione di collegamento tra gli insediamenti di pianura e lagunari con il bellunese e l'area halstattiana. I principali centri dei tre comparti – occidentale, centrale e orientale – erano accomunati dalla presenza di uno sbocco in laguna, attraverso insediamenti perilagunari quali Altino e Concordia. Città che custodivano l'esperienza, la sapienza nella gestione del territorio e l'apertura ai commerci dei centri d'entroterra; specificità che non possono non far pensare a quello che ne sarà l'esito più splendido e puro: Venezia.

Verso il VII secolo l'espansione dei centri abitati fu davvero notevole e anche l'organizzazione degli spazi al loro interno si potrebbe definire "moderna", per la chiara distinzione tra differenti funzioni e attività. È intuibile che un'organizzazione sempre più articolata degli spazi abitati richiedesse la presenza di figure autorevoli di riferimento per le comunità. Nel frattempo, i venti dell'oriente greco filtravano attraverso i contatti con il mondo etrusco, più intensi e stretti, le cui suggestioni, passando dal Veneto, raggiungevano il cuore dell'Europa, a Nord. Nel crogiolo Veneto tutti gli apporti culturali esterni cominciano a ribollire e fondere, in senso proprio, fino a creare quella che sarà la massima produzione culturale: l'arte delle situle.

Nel VI secolo a.C. i villaggi erano ormai entrati in una fase di sviluppo urbano, con centri come Este e Padova in piena crescita, circondate da centri satelliti, in direzione, rispettivamente, di Adria e del mare, con i quali stabilivano e mantenevano attivo un intenso scambio di merci e beni. Scambi che erano attivi anche con il mondo greco, come testimoniato dalla presenza di ceramica attica di importazione a Este, così come a Oppeano e Gazzo.

Le colline tra Adige e Brenta si ripopolarono e agli sbocchi delle rispettive valli nacquero nuovi villaggi. Nell'area lessino-veronese si snodavano traffici tra realtà produttive di Etruschi padani, Greci, Celti, Reti, Veneti, creando una nuova realtà mista ma vivace.

L'area del delta padano divenne punto di incontro e transito di fiorenti scambi commerciali e culturali: arrivavano qui i prodotti greci ed etruschi destinati al "mercato" Veneto e successivamente ridiretti oltre le Alpi. Il contatto con gli etruschi, oramai stabilmente insediati nell'area deltizia del Po, si era fatto molto stretto, in particolare attraverso l'etrusca Adria. Furono gli etruschi, inoltre, a costruire i primi canali artificiali che collegavano, come racconterà Plinio, Adria a Spina, altro importante centro di scambi. Attraverso i centri etruschi della pianura padana – in particolare Bologna e Mantova – e, appunto, in una prima fase, attraverso il centro emporico di Adria, i Veneti importavano prodotti dalla Grecia, soprattutto vasellame.

Nel frattempo si intensificarono i contatti con i celti insediati in Lombardia ed Emilia, in un clima di pacifiche relazioni tra le due popolazioni rivelato anche dalle testimonianze di matrimoni misti tra veneti e celti. In questa fase di grande sviluppo economico, oltre a svilupparsi delle realtà urbane in senso proprio, sorsero i santuari e arrivò anche la scrittura. I veneti cominciarono a "raccontarsi" e, per farlo, adottarono un alfabeto di derivazione etrusca. La lingua, però, era venetica, così come la forte coscienza identitaria che li spingeva a lasciare traccia di sé in forma scritta.

La seconda età del Ferro, a partire, cioè dal V secolo a.C., si inquadrò come fase di crisi, con la decadenza dei centri etruschi di costa e il sorgere di altri centri più interni e quelli dell'Etruria padana. In area prettamente veneta, ebbe avvio un generale sviluppo dell'urbanizzazione accompagnato da un cospicuo incremento della popolazione. Nella pianura padana, la presenza etrusca si rafforzò, così come l'attività dei Greci nell'Adriatico, fornendo nuovo alimento ai centri veneti che vedevano crescere i propri commerci.

In questo periodo, l'etrusca Spina divenne uno snodo vitale nello scambio commerciale con la Grecia, in particolare con Atene, sostituendosi in questo ad Adria. I Greci raggiungevano i centri etruschi della costa settentrionale adriatica per rifornirsi di prodotti alimentari e, insieme alla ceramica attica (in particolare a figure nere e rosse), consegnavano olio e vino, come attestano le numerose anfore commerciali rinvenute nell'area. Dalla Cornovaglia, i Celti scendevano a offrire stagno e probabilmente anche schiavi. Arrivavano merci, ma anche genti dall'Etruria interna, soprattutto da Chiusi e Orvieto, con Gazzo Veronese a fare da cerniera tra mondo veneto ed etrusco.

Nel frattempo le nuove suggestioni legate a stili di vita esotici, come l'usanza del banchetto-sacrificio e il consumo del vino, stimolarono una fiorente attività imitativa a partire proprio dal VI secolo e anche la produzione locale di recipienti ceramici di vario genere per servire il vino. Si registrarono novità anche nella produzione ceramica: si riaffermò l'usanza di deporre nelle sepolture oggetti di uso comune appartenenti al defunto, da tempo abbandonata a favore di una "linea di produzione" ceramica specifica per questo "mercato", che però non venne meno. Intanto, diventava più frequente l'uso del ferro per accessori e pendagli, inclusi gli strumenti per la toeletta, e per gli strumenti da lavoro (coltelli, asce ecc.) e utensili per il fuoco.

Tra V e IV secolo a.C., i grandi mutamenti a livello internazionale ebbero qualche ripercussione anche sul mondo veneto: con il crollo della potenza di Atene, si interruppe il flusso commerciale che da questa città partiva per raggiungere il mondo etrusco. Nel frattempo, Siracusa assunse il controllo delle rotte commerciali dell'Adriatico, mentre nella pianura padana cominciava la penetrazione celtica, con l'arrivo di Cenomani, Insubri, Senoni. Sotto la pressione di questi nuovi arrivi, la presenza etrusca nell'area settentrionale si contrasse.

I Veneti, comunque, avevano stabilito da tempo contatti con le civiltà di area halstattiana, i cui prodotti circolavano già prima dell'arrivo dei Galli: le fibule di tipo halstattiano e i ganci traforati da cintura erano già diffusi in tutta l'Italia centro-settentrionale. Attraverso il Piave, sin dall'VIII secolo a.C., raggiungevano il Veneto Orientale prodotti come i lebeti e le ciste bronzee presenti nei corredi di Este, nelle sepolture bellunesi e a Padova. Proprio in questa città, un ciottolone risalente al VI secolo a.C., forse con significato funerario, segnala la presenza di un soggetto di origine celtica. Ad Altino, il rito dell'inumazione comparve sin dal V secolo a.C. come "importazione" celtica, accanto alla tradizionale incinerazione. Erano di origine celtica accessori quali fibule a testa d'anatra con inserti di corallo, fibule e torques a nodi, di bronzo o metallo prezioso e, tra la fine del IV e la metà del III secolo a.C., anche armi provenienti dal Cadore, che era zona celtica, fino ad Altino. Lungo la direttrice del Piave si diffusero anche nomi, toponimi ed elementi culturali; un fenomeno osservato in particolare nell'area cadorina, a Oderzo e Altino.

A Oderzo, dove le influenze celtiche si presentarono precocemente, un ciottolone riporta un'iscrizione venetico-celtica, ma anche a Padova vi sono tracce di celtismo in alcune iscrizioni, così come in alcune forme onomastiche ad Este. Tali elementi si riferivano a fasi precedenti l'arrivo dei Galli in questi territori e testimoniano l'interazione tra le due culture in epoche "non sospette". Dopo la calata di Brenno del IV secolo, che risparmiò il Veneto, i centri dell'area etrusca padana entrarono in crisi e cominciò per loro una fase di decadenza, mentre emergevano altri centri etruschi posti in posizione più interna come Volterra.

Se non investì direttamente il Veneto, l'arrivo dei Galli spinse però a Est i suoi confini, principalmente sull'Adige: per Oppeano cominciò una fase di decadenza, mentre Gazzo Veronese assunse connotati celtici, continuando comunque a segnare il limite meridionale dell'area veneta. Padova conobbe una fase di sviluppo e vide crescere la propria influenza in direzione Sud-est, verso la laguna, lungo il Bacchiglione, il Brenta e il Lova, diventando un punto di scambio con il mondo greco adriatico. In questa fase, probabilmente in seguito a una regressione marina, si svilupparono i centri più prossimi alla linea lagunare.

Tra II e I secolo a.C., le testimonianze celtiche si ridussero gradualmente, dapprima nelle aree urbane e poi anche nelle campagne, mentre arrivava la longa manus di Roma che, lentamente, sgretolò le differenti identità riconoscibili sul territorio e le assorbì per rimodellare la società secondo i criteri della romanità.

Se nel 302 a.C. i Veneti avevano respinto con forza gli spartani comandati da Cleonimo, l'imponente arrivo dei romani nel secolo successivo non fu osteggiato in alcun modo, anzi, nel 225 a.C., insieme ai Cenomani, risposero positivamente a un'ambasceria di Roma, in risalita verso il Nord, che chiedeva aiuto contro una coalizione di Gesati e Galli arrivati al Po. Il sì a Roma fu immediato, dunque, e fu sempre confermato senza titubanze; l'adesione era completa e, forse, a fare da passe-partout fu l'affinità tra latino e venetico che dovette rendere da subito possibile la comunicazione e quindi lo stabilirsi di un rapporto fiduciario. I Romani apparvero probabilmente anche un valido sostegno contro i Galli, per questo la loro espansione fu accolta con fiducia, che rimase intatta anche quando avanzarono in territorio veneto fino a prenderne completamente il controllo, fondando colonie e costruendo le grandi vie di comunicazione quali le vie Postumia e Annia. I romani si inserirono nella vita dei Veneti con un ruolo autorevole al punto da essere interpellati anche in merito a questioni squisitamente locali, come quando si trattò di dirimere i contrasti sorti tra Este e Padova e tra Este e Vicenza per questioni confinarie. Gradualmente, i Veneti assimilarono la lingua e la cultura romana, finché, nell'89 a.C., con Pompeo Strabone, le popolazioni a nord del Po ricevettero lo ius Latii (diritto latino).

La lingua

Il venetico, lingua indoeuropea, ci è nota solo attraverso le iscrizioni che sono state decifrate con una certa sistematicità solo dal 1800. Si trattava di una lingua che, come detto, mostrava particolare affinità con il latino, tanto da far pensare che in periodi più antichi i due popoli potessero essere stanziati in aree confinanti; in questo caso, non sembrerebbe del tutto fantasioso il mito della comune origine troiana di Enea e Antenore, i leggendari fondatori di Roma e Padova.

L'alfabeto era di derivazione etrusca, che gli etruschi avevano ereditato a loro volta da quello fenicio, attraverso i greci. Gli etruschi avevano diffuso il proprio alfabeto in tutta la penisola e dunque tutti gli alfabeti italici antichi, incluso quello latino, derivavano sostanzialmente da quello etrusco, con differenze dovute agli inevitabili adattamenti ai suoni delle lingue parlate localmente. La scrittura procedeva indifferentemente da sinistra a destra o da destra a sinistra. Le prime iscrizioni in lingua venetica risalgono al VI secolo a.C.; un reperto importante, in particolare, è il "kantharos" di Lozzo, una tazza iscritta in un alfabeto iscrizione che rivela l'influsso dell'Etruria settentrionale, filtrato tramite Bologna. In seguito, invece, prevalse l'accezione dell'Etruria meridionale, caratterizzata da puntazione sillabica, legata in particolare all'insegnamento della scrittura. La lingua dei Veneti era parlata in tutta la regione, con varianti locali, in particolare tra aree meridionali e settentrionali, con sensibili differenziazioni, quindi, tra pianura e montagna, dove tende a diventare più "dura". Nelle articolazioni locali entravano in gioco anche le influenze dovute ai contatti con le civiltà limitrofe: nelle zone settentrionali, per esempio, prevalevano influenze germaniche.

Un importante centro per l'insegnamento e l'apprendimento della scrittura era certamente il santuario di Reitia a Este, dove si utilizzavano apposite tavolette di bronzo, cerate – le lamine alfabetiche – corredate da stili scrittori, cioè bastoncini metallici dotati di un'estremità appuntita e una a forma di spatola: con la prima si incideva la cera spalmata sulla tavoletta e con l'altra era possibile cancellare quanto già scritto, in modo tale da poter riutilizzare più volte la tavoletta. La superficie della tavoletta era suddivisa in riquadri, ognuno dei quali ospitava una lettera, secondo una disposizione che permetteva l'esecuzione di esercizi ortografici. La punteggiatura consentiva la suddivisione delle parole in sillabe, proposte agli "studenti" procedendo dalle più semplici alle più complesse.

Un eccezionale documento è rappresentato dall'iscrizione incisa su una grande lamina bronzea ritrovata a Este e conservata nel museo cittadino, unica per la quantità e la complessità del testo, oltre che per l'importanza del contenuto: si tratta di un'iscrizione pubblica riguardante questioni di organizzazione territoriale, forse addirittura una sorta di trattato tra Padova ed Este.

Per i Veneti la scrittura era importante come espressione culturale ed era ricca di valenze anche "politiche" in quanto segno forte di identità; come tale in alcune aree essa continuò a permanere anche dopo la romanizzazione. In zone montane come Auronzo di Cadore, la lingua venetica continuò a vivere sotto le spoglie della scrittura latina anche quando l'alfabeto sembrava ormai sostituito da quello latino, fino alla fine del I secolo a.C. Il passaggio latino alla nuova lingua fu graduale; le forme latine furono dapprima incluse nel venetico e venetizzate, per poi sciogliersi definitivamente nella lingua dei dominatori quando il latino si affermò solidamente come lingua dell'ufficialità. Riveste interesse emblematico, in questo senso, il caso delle olle-ossuario inscritte rinvenute a Montebelluna, che riportano il nome del defunto dapprima in grafia e lingua venetica, poi in lingua venetica e grafia latina e infine, in lingua e grafia latina. Il momento di passaggio da una civiltà all'altra è fotografato con precisione dall'iscrizione bilingue che riporta il nome di una donna in venetico e in latino.

La Società, usi e costumi

Sin dalla prima età del Ferro, nella società dei Veneti erano riconoscibili fasce sociali privilegiate che si distinguevano per la ricchezza e il possesso di beni di lusso. Si trattava di oggetti importati soprattutto attraverso i centri etruschi, presenti sin dal IX secolo nella pianura padana. Dall'VIII secolo le élite emergenti comprendevano figure di rango elevato in grado di acquisire, tramite i centri etruschi, i manufatti provenienti dall'Egeo e dal Mediterraneo orientale.

Nei primi secoli la società veneta, lungi dall'essere strutturata in classi, si caratterizzava per la presenza di nuclei familiari aristocratici che avevano forse acquisito un ruolo di gestione e occupavano posizioni di potere in qualche modo riconosciuto.

Gradualmente, comunque, la società andò articolandosi in forme più complesse e al suo interno si definirono in modo più netto anche professionalità differenti: la presenza, sin dall'VIII secolo a.C., di una produzione ceramica specializzata per l'ambito funerario, fa pensare alla nascita di una classe di artigiani a tempo pieno, in grado di garantire una produzione sufficiente a coprire le esigenze per quanto riguardava sia i corredi funerari sia le cerimonie correlate alle sepolture. La popolazione aumentava e le comunità si confrontarono con la necessità di organizzarsi. La società cominciò a stratificarsi e ad articolarsi, mentre gli individui si differenziavano per il loro status, ponendo le basi per la nascita di gruppi o classi sociali. Oggi, sono la quantità e la qualità di oggetti deposti come corredo funebre nelle urne a permetterci di riconoscere i personaggi di più alto lignaggio. L'appartenenza a un rango elevato è testimoniata, in particolare, dalla presenza di oggetti in ferro o anche oro invece del più comune bronzo, di vasellame di bronzo in sostituzione della ceramica, la presenza di armi o altri oggetti rari.

È possibile che in questo periodo le comunità fossero già governate da capi locali la cui autorità si fondava sul lignaggio all'interno del proprio gruppo familiare e sul prestigio militare legato, per esempio, al possesso del cavallo e delle armi. Tombe che attestano questo tipo di posizione sociale sono state ritrovate in tutto il territorio veneto.

In questa fase, il ruolo maschile e quello femminile erano ormai ben distinti: l'uomo poteva distinguersi come guerriero oppure come cacciatore, allevatore, artigiano, e, talvolta, come cavaliere, come testimonia la presenza di morsi equini nei corredi tombali. Al ruolo del guerriero o del cavaliere si affiancava quello di falegname-carpentiere, un'attività che godeva di particolare prestigio all'interno della comunità e giustificava l'inserimento degli attrezzi del mestiere nelle tombe dei defunti. Personaggi di spicco erano in contatto con i "notabili" di altre aree, con i quali usavano scambiare oggetti di lusso come "doni", attestando reciprocamente – attraverso il dono – ruolo e prestigio personale. Per gli uomini, poteva trattarsi di spade ad antenne e rasoi lunati, per le donne, dei tipici cinturoni a losanga protovillanoviani. Il rango elevato era collegato anche al possesso del cavallo e infatti il termine "ekupetaris" che si ritrova, declinato in vario modo, nelle testimonianze epigrafiche del periodo, fa pensare a una ben precisa classe sociale, identificabile proprio nel possesso del cavallo. Un'identificazione non solo ideale, ma reale al punto che spesso, alla morte del padrone, il cavallo poteva essere sacrificato e deposto nella fossa in cui poi trovavano posto anche i resti del proprietario, a perpetuarne così l'immagine di prestigio anche nell'aldilà.

L'identità femminile si esprimeva con l'attività domestica. Inizialmente piuttosto poveri, in accordo con il ruolo marginale della donna, anche i corredi funebri femminili divennero progressivamente più consistenti, sottolineandone la crescente visibilità sociale. Attività "aristocratiche" come la tessitura, erano testimoniate con la sepoltura di rocchetti, fusaiole, pesi da telaio, che probabilmente indicavano anche il possesso del telaio. Il ruolo crescente della donna nella società veneta e la sua integrazione nella nascente élite aristocratica si esprimevano anche nell'abbigliamento e negli accessori, primo fra tutti il cinturone villanoviano a losanga, oggetto di prestigio già presente anche in area tirrenica.

L'inizio di una fase di benessere diffuso, dal VII secolo a.C., coincide con un'ulteriore evoluzione del ruolo femminile; da questo momento anche alle donne fu riservata l'inumazione in vasi di bronzo, prima destinati solo ad accogliere spoglie di personaggi maschili di eccezionale levatura. Questo periodo si caratterizzò per una più ampia circolazione di beni di lusso e per l'affermarsi di un ideale di vita di tipo aristocratico, che bene interpretava, probabilmente, l'aspirazione delle élite emergenti a differenziarsi e affermarsi, anche attraverso l'acquisizione dell'ideale del banchetto. È la fase "orientalizzante", cioè l'adesione da parte dei gruppi aristocratici a modelli e stili di vita influenzati dai processi in corso nei paesi affacciati sul Mediterraneo. La contaminazione della cosiddetta moda "orientalizzante" diffusa in tutto il bacino mediterraneo e in particolare nell'area etrusca e affermatasi nel mondo veneto tra VII e VI secolo a.C., si espresse sostanzialmente nell'esibizione di ricchezza da parte di ceti elitari ormai strutturati e in grado di acquisire beni di valore. A questa moda era correlata l'importazione di oggetti esotici che avevano influenzato fortemente, in particolare, l'aristocrazia etrusca, finendo per raggiungere anche il Veneto, sia con l'introduzione di oggetti lussuosi sia con ricadute di tipo economico e sociale. In questo circuito, il Veneto, in particolare, assunse un ruolo di cerniera tra l'area etrusca e quella halstattiana Se nel secolo precedente la ricchezza e i beni di prestigio anche di provenienza straniera erano circolati attraverso doni di personaggi di spicco e riguardavano quindi singoli individui, ora l'ideale di vita aristocratica cominciò a coinvolgere interi gruppi sociali. In una società sempre più articolata, i modelli greci filtrati attraverso il mondo etrusco suggerirono alle classi emergenti l'esibizione di un fasto di tipo orientale: si diffusero così prodotti in materiale prezioso, oro, argento, elettro, bronzo, avorio, osso, maioliche, uova di struzzo. L'abbigliamento femminile continuava ad essere ricco ed elaborato, almeno per i ceti più elevati, e impreziosito da una grande varietà di accessori tra cui spiccavano i grandi cinturoni metallici a losanga finemente decorati.

Accessori e gioielli divennero più sfarzosi: l'abbigliamento maschile e femminile si arricchì di accessori "importanti" come anelli, catenelle e pendagli appesi alle fibule, collane in pasta vitrea, ambra baltica, osso, pendagli-pettorale costituiti da più elementi d'osso, di pasta vitrea, di bronzo e fili di perline.

Insieme ai prodotti del lusso, i gruppi benestanti acquisirono anche nuovi elementi culturali , primo fra tutti il rito del banchetto o simposio, arrivato dal mondo greco attraverso gli etruschi . Il simposio era un importante istituto della società greca: un banchetto che prevedeva la presenza di soli convitati maschi impegnati a scambiarsi idee sugli argomenti più vari alternando i piaceri della tavola a quelli della musica, la poesia, il dialogo, il tutto annaffiato dal vino, presentato nell'immancabile cratere posto al centro della stanza, in cui il coppiere lo mescolava ad acqua, secondo i gusti dei presenti.

Il raffinarsi dei gusti e la nascita di una nuova visione di sé finì per coinvolgere anche la donna, il cui ruolo continuò a crescere; a lei, in particolare, fu affidato un compito di "rappresentanza" dello status familiare nei confronti della società stessa, anche attraverso la ricercatezza nell'abbigliamento. La donna acquistò ruolo centrale e attivo come "materfamilias" e, nelle tombe emergenti, ora era spesso associata all'uomo, a testimoniare che ne condivideva pienamente il prestigio. Inoltre, era anche custode degli strumenti per la filatura e la tessitura della lana, e il suo status era testimoniato proprio dall'uso e dal possesso di attrezzi del mestiere quali conocchie, coltellini, aghi a punteruoli, cilindri per telaio, fusi in bronzo che finivano, spesso in copia miniaturizzata e rivestiti di lamina d'oro, nei corredi tombali. Insieme alle nuove ideologie, si diffusero nuovi, importanti elementi culturali, in primo luogo la scrittura.

Un tale flusso di novità raggiunse l'area veneta attraverso i centri etruschi e anche finì per coinvolgere le aree golasecchiana e hallstattiana, attraverso l'Adige e i valichi alpini; da queste aree, arrivarono in Etruria e poi in Veneto prodotti come le situle a doppio manico girevole, morsi da cavallo, vasellame di bronzo. Stimolato da questa effervescenza culturale, il Veneto si aprì anche all'area picena e adriatica, con Este come sempre fulcro del circuito di scambi tra Est e Ovest e dall'area etrusca verso il Nord-Est, soprattutto per la distribuzione di oggetti ornamentali e i temi decorativi delle situle. Dal VI secolo, in questa rete entreranno anche Padova, e il Veneto orientale.

L'acquisizione di modelli suggeriti da altre culture, filtrate dal mondo etrusco, mise in modo un processo di elaborazione culturale, sociale e anche politica. L'aristocrazia veneta, in particolare quella atestina, utilizzava i prodotti e i modelli di importazione come status symbol del proprio ruolo egemone. In questo innesto culturale Bologna ricoprì un ruolo chiave, essendo collegata con l'Etruria centro-italica attraverso il Reno e l'Arno; all'etrusca Bologna faceva capo il traffico etrusco che si era organizzato attraverso i suoi sbocchi portuali sull'Adriatico, prima di Adria e poi di Spina, dove approdavano le merci in arrivo dalla Grecia. Bologna, d'altra parte, influenzava, con le proprie produzioni, il mondo veneto: si trattava, in particolar modo il vasellame ceramico con decorazioni a motivi geometrici a incisione e intaglio che rivestivano l'intera superficie dei manufatti, e le piccole fibule ad arco rivestito con grandi perle di ambra o ad arco decorato con figurine.

Il periodo di floridezza documentato nel Veneto tra VI e V secolo a.C. si declinò in un aumento della popolazione e nell'espansione territoriale, con marcate evidenze di sviluppo economico e politico a Este e Padova: tutti indicatori con segno positivo, si direbbe oggi, che rafforzarono, in particolare per le due "capitali" uno sviluppo di tipo ormai urbano. Le città si espansero e si inserirono più profondamente nel territorio attraverso i centri satelliti circostanti, presso i quali si rifornivano di materiali e prodotti, creando così un sistema integrato tra città e campagna. Este controllava un'area che arrivava fino al veronese, includendo Gazzo e Oppeano, e poteva spingere le proprie merci lungo la valle dell'Adige fino all'Europa transalpina, dov'erano attive miniere di argento e stagno; a sud, nella Pianura Padana, raggiungeva invece il mondo etrusco. Padova estese la sua influenza lungo i paleoalvei del Brenta e del Bacchiglione e, probabilmente, anche verso la bassa valle del Piave, dov'erano sviluppati l'allevamento ovicaprino e la manifattura laniera. All'instaurarsi di questa direttrice di sviluppo fece risconto la creazione di un "distretto" economico di area lagunare: sia Montebelluna e Mel a ovest sia Oderzo a est, probabilmente gravitavano verso Padova e Altino, con ruolo forse di cerniera tra questi ultimi e le risorse metallifere halstattiane. Altino era in piena attività e costituiva uno sbocco al mare per l'area Brenta-Piave e per i territori di Oderzo e Treviso, anch'essi in fase di decisa ripresa così come Padova. Nel frattempo, il baricentro commerciale e culturale scivolò verso le regioni dell'area adriatica, dove circolavano materiali con caratteristiche omogenee, creando quella che gli archeologi definiscono una "koiné" adriatica. L'ampio territorio che andava dal Piceno alla Slovenia, dalla Lombardia orientale all'arco alpino costituiva una sorta di triangolo caratterizzato da una trama culturale coerente, con il Veneto in posizione centrale, a fare da cassa di risonanza e filtro, creando un movimento omogeneo di prodotti e ideologie. Intanto, riacquistava importanza l'area deltizia, del Po, crescevano i centri di Montebelluna e Mel e si assisteva a un incremento demografico nel bellunese.

In questo periodo, la crescita culturale si espresse in particolar modo nella diffusione della scrittura, la stabilizzazione dei commerci e la creazione di veri e propri mercati dotati di centri interni di distribuzione, la nascita dei primi luoghi di culto. A questo punto, il Veneto era ormai diventato un importante snodo commerciale, in particolare per le vie dell'ambra, del sale, del corallo, dei cavalli e dei metalli. Dal III secolo a. C. (dopo la guerra del Peloponneso) cessarono le importazioni dirette dalla Grecia.

Con l'arrivo dei Galli, nel IV secolo, la celtizzazione che prima era sporadica ed evidente solo in alcune aree, si fece sempre più marcata e diffusa. La presenza di elementi celtici si declinava in varie forme, a seconda dell'area e del tipo di "pressione" celtica registrata. Se nell'area occidentale erano le presenze cenomane a farsi sentire, nel Cadore, in particolare, dal 300 a.C. circa, le evidenze celtiche giungevano dalle Alpi orientali; qui si trovano inumazioni accompagnate da corredi militari completi con elmi, spade, punte di lancia; sepolture di armati sono presenti anche ad Altino (guerrieri con spada sul fianco destro, secondo l'uso celtico), fatto insolito, considerata l'ideologia veneta che tendeva a escludere le armi nelle inumazioni, ma comprensibile in quest'epoca e in quest'area per la sua connessione con la valle del Piave, di cui costituiva il naturale sbocco marino. Qui, a parlare "in lingua celtica" sono i corredi tombali tra cui figurano fibule tardo La Tène, fibule d'argento, grandi perle di pasta vitrea e iscrizioni con nomi in caratteri venetici, ma di derivazione celtica.

Nel II secolo a.C., con l'arrivo dei romani, anche gli elementi celtici finirono per stemperarsi ed essere assorbiti nella latinità.

Come si vestivano?

Come vestivano i Veneti antichi? Alla moda, naturalmente: le immagini restituite da vasi e lamine figurate mostrano spesso soggetti protetti da ampi mantelli di lana pesante appoggiati sulle spalle. Sotto il mantello, donne e uomini indossavano una tunica di stoffa più leggera, con maniche che potevano essere lunghe o corte, simili a quelle portate da Romani ed Etruschi. Nelle donne, la tunica era spesso trattenuta da un cinturone stretto in vita che drappeggiava la parte inferiore dell'abito. In alcuni casi, le donne indossavano grembiuli sulla tunica e coprivano il capo o le spalle con uno scialle, o mantellina, simile a quello che fu poi utilizzato in Veneto, soprattutto a Venezia e nella fascia montana, fino al 1900. I Veneti indossavano anche cappelli, come segni di distinzione, caratterizzati da tesa larga e bordi rialzati, e stivali flosci per le donne o calzature a punta utilizzati dagli uomini per cavalcare.

La donna

Le donne indossavano tuniche in tessuto di lino o canapa colorate con pigmenti naturali e talvolta arricchite da ricami di perline e da applicazioni metalliche. Anche allora gli accessori avevano importanza e l'outfit comprendeva un corredo di fibule, spilloni, cinture metalliche.

Come oggi, anche allora le donne amavano i gioielli e indossavano collane, orecchini, bracciali, anelli, pendagli. Sin dall'VIII secolo tra gli ornamenti comparvero oggetti in ambra baltica, particolarmente a Este e Padova, soprattutto in forme di perle di collana e rivestimenti per fibule. Si trattava di un materiale importato attraverso i valichi alpini e lavorato un po' in tutta la penisola, probabilmente anche nello stesso Veneto. L'acquisizione del gusto orientalizzante, nel VII secolo, si manifestava nella ricchezza degli accessori, soprattutto femminili: le donne di rango più elevato indossavano sfarzosi pettorali realizzati con perline in pasta vitrea, dischi d'osso con intarsi d'ambra, ed esibivano acconciature elaborate, spesso ornate di spiraline dorate.

In questo secolo fibula a navicella e a sanguisuga caratterizzano ancora l'apparato ornamentale femminile.

Nella fase di benessere diffuso che caratterizzò il V secolo, erano ancora gli accessori a dare la misura del prestigio e del rango personale: caratteristiche di questo periodo erano i bracciali a spirale, anelli e armille (bracciali) terminanti a testa di serpente. Collo e braccia femminili erano adorni di collane e bracciali in pasta vitrea, con elementi in ambra e pendagli di bronzo.

Anche gli usi legati alla vita quotidiana si fecero più raffinati ed entrarono in uso attrezzi per la toeletta personale come pinzette, coltellini, netta-unghie e netta-orecchie, ma anche scatolette porta profumo e specchi.

Tra V e IV secolo a.C., tra le classi più elevate si diffusero le fibule Certosa; da questo momento la fibula abbandonò la funzione di identificare il sesso di chi lo portava e divenne dunque un elemento unificante tra i due mondi, mentre in precedenza l'abbigliamento maschile era identificato da quelle a drago e quello femminile da quelle a navicella. Fecero la loro comparsa i cinturoni a losanga. Più comuni, le cinture in cuoio con placca-fermaglio finemente decorata. La ricchezza degli accessori, anche nel III secolo a.C. e la loro ispirazione cosmopolita è visibile soprattutto nei ritrovamenti dalla tomba detta "di Nerka Trostiaia" ad Este, il cui corredo spicca per sontuosità.

Le donne del popolo, almeno a quanto testimoniano alcune lamine raffigurano con immagini di oranti, rinvenute presso il santuario di Reitia a Este, indossavano una tunica al polpaccio stretta da una cintura in vita, a maniche corte o lunghe, sulla quale sovrapponevano un grembiule; sulle spalle poggiavano uno scialle di forma e dimensione variabile. Il capo era velato, secondo la foggia tipicamente etrusca, diffusa anche nella pianura padana.

Per la cerimonia nuziale, la donna indossava una gonna ampia e svasata con motivi geometrici, trattenuta in vita da un cinturone a losanga, un lungo e voluminoso velo, spesso a riquadri, a coprire il capo, e tipici stivali decorati con orlo floscio; molti i gioielli esibiti per l'occasione – un momento importante, più o meno come oggi.

Il ruolo della donna era articolato: custode della casa, lavoratrice con professionalità ben identificata e riconosciuta socialmente, sposa, poteva essere, probabilmente, anche sacerdotessa. L'immagine piuttosto nota della devota di Caldevigo rappresentata su una lamina votiva in bronzo mostra una figura femminile abbigliata con una mise che appare appunto di tipo cerimoniale, per la precisione e la ripetitività con cui è diffusamente ritratta appunto sulle lamine nei santuari: riccamente adorna di collane e bracciali, indossa una gonna svasata ad orlo ricamato, cinturone stretto in vita del tipo a losanga, alti stivali flosci sono dotati di risvolto, e, anche in questa raffigurazione, la donna, riccamente adorna di collane e bracciali, esibisce un'acconciatura raccolta a chignon conico, con un diadema discoidale sulla fronte.

L'uomo

L'abbigliamento maschile di tipo signorile era caratterizzato da un manto ornato, stivali e cappello a larghe falde di foggia tipicamente etrusca, così come gli stivali con la punta all'insù. Il manto era ricamato oppure decorato, realizzato con tessuti a nodi in rilievo oppure punteggiato di borchie.

Nel ruolo di guerriero, così come appare in reperti del VI secolo a.C., l'uomo era rappresentato armato di lancia ed elmo a calotta con cimiero e grande scudo circolare (tipico del mondo greco ed etrusco) e corno da battaglia; talvolta indossava un corto gonnellino e schinieri. La panoplia del guerriero comprendeva lancia, elmo e scudo.

Personaggi di rango più modesto, probabilmente servile, indossavano invece una corta tunica – con o senza maniche – stretta in vita da una cintura. Il capo era normalmente coperto da un piccolo basco aderente. Nella situla Benvenuti, il servo è raffigurato con una tunica al polpaccio con maniche a tre quarti e bordo ricamato. Infine, a giudicare dalle immagini pervenute attraverso i manufatti, probabilmente gli uomini usavano radersi il capo.

Fig. 1A - Scavi presso Este

Fig. 1B - Scavi presso Este

Fig. 2 - Lapide con iscrizione in cui compare il termine "Venetkens"

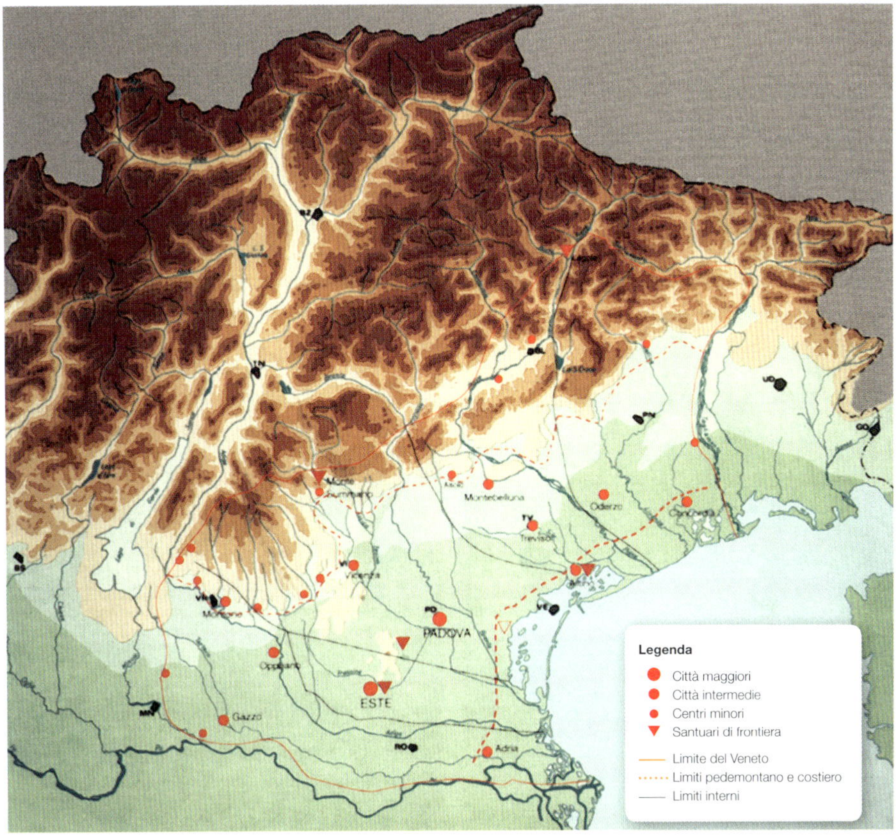

Fig. 3 - Carta del veneto con i principali centri di età protostorica

Fig. 4 - Anello in bronzo con castone in corniola con iscrizione venetica e iscrizione pseudo-etrusca intorno all'anello

Fig. 5 - Tavoletta alfabetica per l'insegnamento della scrittura

Fig. 6 - Collane in ambra baltica

Fig. 7 - Fibule ad arco rivestito da elementi in pasta vitrea, ambra ed osso

Fig. 8A e 8B - Braccialetto in pasta vitrea e collare d'ambra con pettine in osso

Fig. 9 - Pendaglio-pettorale con perline in pasta di vetro

Fig. 10 - Collana e pendagli di pasta vitrea, osso e bronzo

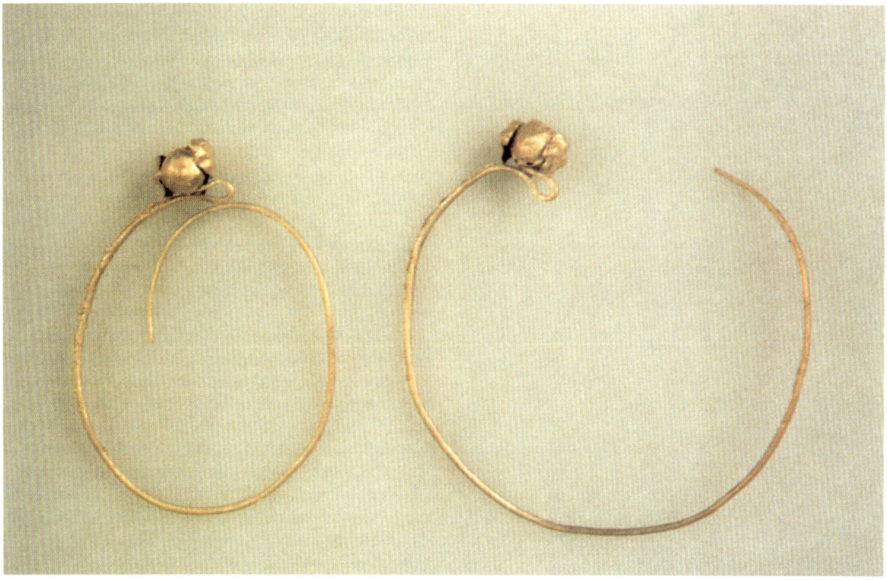

Fig. 11 - Collari in oro dalla tomba di Nerka Trostiaia a Este

Fig. 12 - Spilla e anelli in oro e porta-anelli in bronzo dalla tomba di Nerka Trostiaia

CAPITOLO II

IL VILLAGGIO, LA CASA, IL TERRITORIO

Come vivevano, e dove, i Veneti antichi? Bene organizzati, abitavano in centri autosufficienti, distribuiti su dossi al riparo dalle acque, costituiti da nuclei collegati tra loro, intervallati da orti e recinti per animali o attività artigianali. I nuclei abitati erano semplici villaggi di capanne, costruiti però con un'idea progettuale chiara, rispondente a una logica ribadita in tutti gli insediamenti coevi. Organizzati in isolati, i villaggi erano dotati di vicoli e strade distinti, lungo i quali erano disposte le abitazioni. C'era cura nell'abitare: gli spazi dell'abitato erano ben ripartiti, circondati da campi coltivati, con le necropoli più all'esterno e infine i santuari. Inizialmente, le attività artigianali si svolgevano in spazi allestiti all'interno delle stesse abitazioni (case-laboratorio) o comunque adiacenti al nucleo principale, ma ben presto nei villaggi sorsero veri e propri quartieri artigianali distinti dall'abitato.

La cura e l'attenzione per la sicurezza idraulica "urbana" negli agglomerati edificati su terreni umidi, si tradussero, fin dall'inizio, nella realizzazione di opere di bonifica e manutenzione, come fossati e canalette di sgrondo che dovevano garantire il deflusso delle acque. Tutto questo era probabilmente il frutto di forme di organizzazione sociale e della presenza di figure in grado di "governare" la vita delle comunità.

In pianura, gli insediamenti sorgevano su terrazze e dossi sabbiosi di antica origine fluviale, accanto a corsi d'acqua, e la loro estensione arrivava normalmente agli ottanta-cento ettari. Nel V secolo, Padova copriva un'area di circa 120 ettari. In collina, le abitazioni erano di pietra, costruite su uno scavo rettangolare nel terreno in pendio con muretti laterali con pareti e tetto di legno. Solidità, resistenza al peso della neve, migliore isolamento termico erano i vantaggi di questa tipologia costruttiva. Questa specie di "chalet" era diffuso su tutto l'arco alpino centro-orientale, in particolare nell'area pedemontana veronese e vicentina. Spesso, sui lati privi di difese naturali, questi abitati d'altura erano protetti da cinte perimetrali in pietra e terra, con funzione di contenimento e difesa, come quella rinvenuta a Noal di Sedico.

Sin dai primi insediamenti del IX secolo, le abitazioni, a pianta rettangolare, erano dotate di pavimento in terra battuta che poteva essere isolato con assi di legno, pareti di legno o canne intonacate con argilla, tetto di frasche o paglia. Le fondamenta erano realizzate con riempimento di pietrisco, sabbia e argilla pressata. L'area Veneto-orientale si distinse per un precoce sviluppo delle struttura edilizie: in particolare, a Concordia Sagittaria sono state rinvenute pavimentazioni in argilla semicotta risalenti al IX secolo, ma anche Treviso e Oderzo conoscono lo stesso tipo di sviluppo.

A Padova, è emersa parte della struttura di legno di un abitato risalente all'VIII secolo a.C. che doveva essere costituita da una serie di strutture rettangolari affiancate, con vari focolari e una cisterna comune per l'acqua, forse destinate a ospitare vari nuclei familiari legati da vincoli di parentela.

Normalmente, le abitazioni erano costituite da un unico locale di pianta rettangolare, ma potevano essere suddivise anche in due o tre locali da pareti interne in legno, ed essere dotate di porticato esterno affacciato su cortili antistanti.

Le pareti erano in argilla o impasti di limo e cenere pressati con materiale vegetale come rami, paletti o canne, ma potevano essere costruite anche con paletti di legno infissi uno accanto all'altro lungo tutto il perimetro dell'edificio. Sul lato interno ed esterno, la parete era rinforzata e isolata da un intonaco in argilla fine. Il tetto, sostenuto da pali di legno e dalle pareti perimetrali, era a due spioventi, rivestito di canne palustri. L'aspetto di queste abitazioni doveva essere molto simile a quello dei "casoni" veneti, ancora diffusi nelle campagne alla fine del 1800, di cui sono ancora visibili alcuni esemplari in zone perilagunari.

Al centro, campeggiava il focolare, per riscaldare l'ambiente nelle stagioni fredde e cuocere i cibi; a questo scopo, era dotato di alari in terracotta per sostenere i recipienti posti sul braciere e destinati alla cottura.

All'interno erano presenti pochi semplici elementi d'arredo di legno o fibre vegetali (panche, mensole, ceste), e spazi destinati alla conservazione degli alimenti riposti in contenitori in terracotta (i dolii) appoggiati al pavimento o interrati, oppure all'interno di nicchie scavate nel pavimento, talvolta rivestite con legno. Per la conservazione, la cottura e il consumo del cibo si utilizzavano pentole, scodelle da cucina, tazze, bicchieri, coppe, olle, grandi contenitori destinati a contenere i cereali; si trattava di vasellame in parte prodotto localmente, all'interno del villaggio stesso, e in parte proveniente da centri veneti più importanti, a seconda del periodo.

Negli abitati prossimi a corsi d'acqua o alla laguna, in cui era indispensabile porre mano a opere di regimentazione idraulica, la presenza di tali opere presupponeva già l'azione di figure autorevoli di coordinamento, una sorta di potere politico che probabilmente possedeva anche bestiame e terre, ed era in grado di controllare movimenti commerciali. Si trattava di figure il cui ruolo di spicco nella comunità è desumibile dai ricchi corredi tombali dell'epoca. In centri come Padova, Oderzo e Concordia, per esempio, sono evidenti gli interventi di governo del territorio e delle acque: qui, le comunità avevano dotato le rive fluviali di opere di rinforzo costituite da palizzate di legno, sottoponendole, nel tempo, a frequente manutenzione e ricostruendole quando necessario.

Come abbiamo visto, le abitazioni, per quanto semplici, non erano però spoglie. Verso la fine del VII secolo, l'evoluzione del gusto estetico influenzò anche gli arredi che, almeno nelle residenze di lusso, si arricchirono di suppellettili quali tavolini, letti triclinari, tronetti e altri mobili, principalmente di ispirazione etrusca.

Tra VII e VI secolo a.C., gli abitati assunsero una connotazione urbana, mentre sorgevano numerosi centri satellite nelle aree rurali. Le abitazioni cominciarono a essere costruite con materiali più robusti e duraturi: per le fondazioni si utilizzavano blocchi di pietra e per le pareti mattoncini di limo essiccato. Gli abitati si espansero e i principali cominciarono a dotarsi di una rete viaria, oltre che di impianti di deflusso e smaltimento delle acque sempre più efficienti. Le zone residenziali e quelle cimiteriali erano ormai ben distinte, così come quelle destinate alle attività produttive, che si fecero più consistenti, quasi a costituire delle "zone industriali" ante litteram. I laboratori artigianali erano tendenzialmente disposti in vicinanza dei corsi fluviali, per garantire un più facile approvvigionamento idrico e per il rifornimento di argilla e limi per l'edilizia e le produzioni ceramiche.

In questa fase, a Este era attiva un'attrezzatissima "fabbrica" di ceramiche, articolata in circa sette vani, con piattaforme di lavorazione, zone di macinatura impasti, depositi di pigmenti e degrassanti. Anche a Oderzo sorgevano fornaci per la cottura di impasti edilizi. Erano cambiate, nel frattempo le tipologie abitative, le tecniche edilizie e anche i materiali edilizi: le abitazioni apparivano più stabili, le pavimentazioni erano realizzate su un sottofondo di preparazione spesso costituito da frammenti fittili e le pareti, in legno e graticcio di canne, probabilmente erano intonacate. Alle abitazioni erano spesso associate opere accessorie come canalette di scolo e sistemi di drenaggio, ma anche piani di calpestio esterni, talvolta con pozzi e frequentemente tettoie esterne in corrispondenza dell'ingresso. Nei centri principali, Este, Padova, Oderzo e Concordia, comparvero fondazioni in pietra e pareti in mattoncini crudi. Padova, con la sua ricca rete di canali e la sua perfetta organizzazione urbana, ed Este, con i suoi cinque santuari, spiccavano su tutte: separate l'una dall'altra dai colli Euganei, erano le vere capitali economiche e culturali della costellazione veneta.

Nel VI secolo possiamo già parlare di fase urbana per i centri veneti. In questo periodo, Padova era in contatto con vari centri, in particolare con il neonato centro emporico greco-etrusco di Adria, attraverso snodi rappresentati da porti fluviali, oltre che con Altino e altri centri di commercio ora in pieno sviluppo. Nel settore orientale, il "capoluogo" era Oderzo, città di riferimento e testa di ponte verso i mercati limitrofi. Anche a Vicenza in questo periodo l'assetto urbano subì un importante cambiamento e gli spazi abitati acquisirono una più efficiente organizzazione interna.

Le città dei Veneti crescevano in modo ordinato e razionale, secondo una logica che attribuiva grande valore ai confini e alla delimitazione tra spazi civili e religiosi, spesso identificata da segnacoli (a Padova, i cippi o ciottoloni), ai quali sovrintendevano autorità preposte, secondo principi di derivazione etrusca, e che erano posti sotto la sorveglianza di divinità "dei confini" come gli "dei termini" di Vicenza, ad esempio.

Tra V e IV secolo a.C., in edilizia aumentò l'uso della pietra e comparvero i laterizi, anche se le tipologie costruttive "tradizionali" continuarono a coesistere con quelle più antiche, fino alla romanizzazione.

Nell'alto vicentino, le abitazioni seminterrate, tipiche dei rilievi, erano dotate di impianti di drenaggio e convogliamento delle acque, con pavimentazioni di selciato per i cortili esterni. Spesso erano dotati di strutture murarie in pietra locale con pali a sostegno dell'elevato di legno; i pavimenti erano in terra battuta o a tufelli o in assi di legno, su un sottofondo di ciottoli e i tetti in legno o lastre calcaree. Le pareti erano frequentemente dotate di rivestimento di terracotta, talvolta anche decorata.

Negli ultimi secoli, i siti collinari a occidente si svuotarono e la presenza umana era legata prevalentemente ad attività temporanee legate all'agricoltura e all'allevamento transumante; nell'area orientale, invece, si animò la valle del Piave e sorse un nucleo di abitati nel cadorino, da Lagole di Calalzo a Pozzale, a Lozzo di Cadore.

Le case divennero più articolate e crebbe il livello di organizzazione urbana. La complessità delle tipologie edilizie nei secoli a ridosso della romanizzazione è esemplificata dall'abitazione di via delle Grazie a Oderzo.

Con l'arrivo di Roma, nel II secolo a.C. tutto, ancora, era destinato a cambiare: i romani, misurarono, ripartirono, bonificarono, costruirono, prendendo così pienamente controllo del territorio.

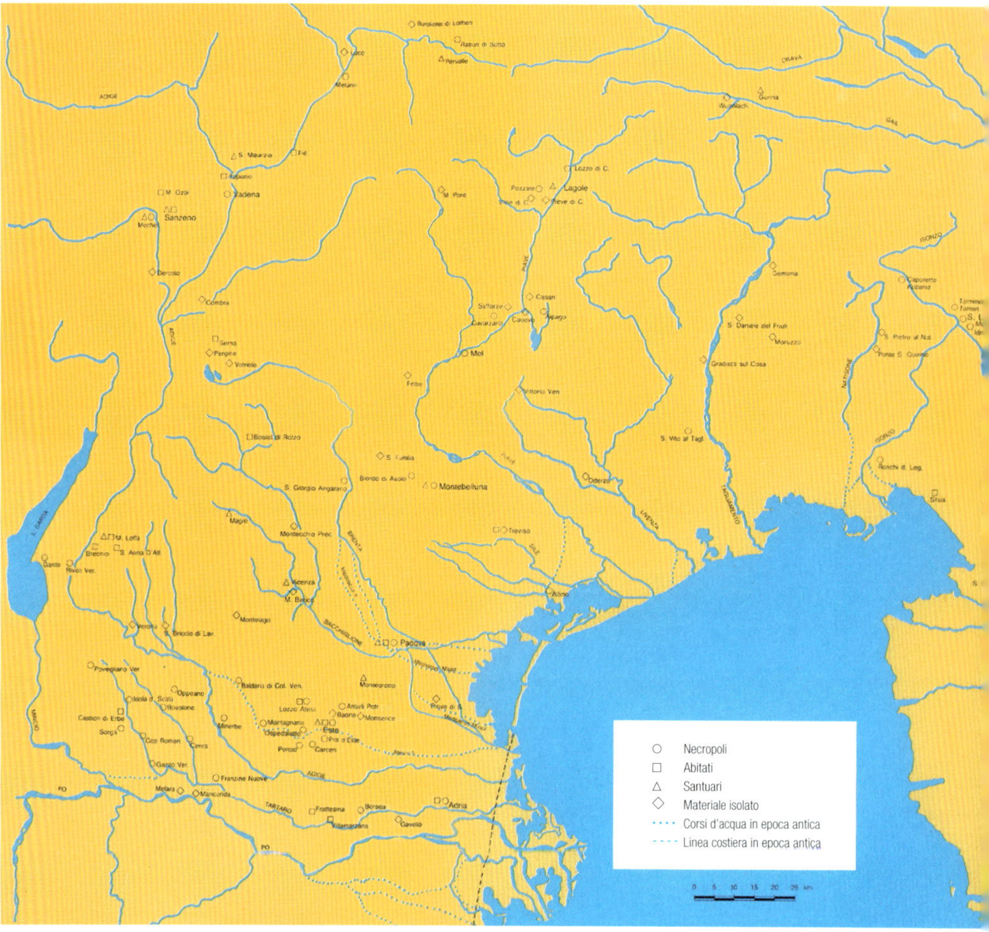

Fig. 1 - Carta: Necropoli, abitati, santuari

Fig. 2 - Stele in pietra con iscrizione agli "Dei dei confini", Vicenza

Fig. 3 - Planimetria di una casa del IX secolo a.C. emersa in Piazza S. Pio X a Treviso

Fig. 4 - Un "casone" di fine 1800. È un'evoluzione della tipica abitazione dei primi Veneti

Fig. 5 - Un casone "di ultima generazione"

Fig. 6 - Este, abitato: braciere di terracotta a forma di capanna

Fig. 7 - Este, abitato: parte terminale di alare in terracotta a testa di ariete

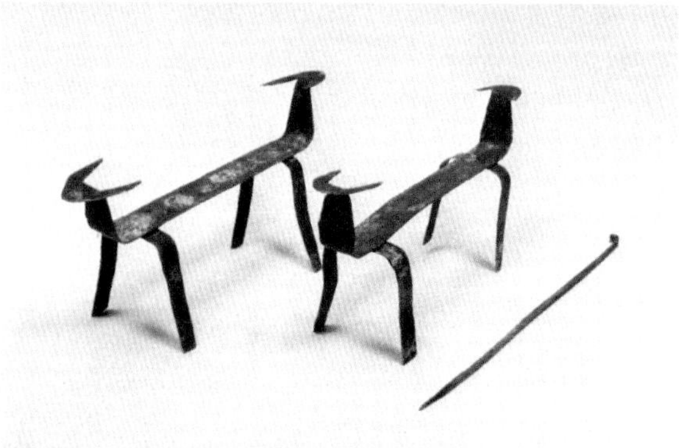

Fig. 8 - Este Morlengo, Modelli di alari e di spiedo di bronzo da una tomba del IV sec. a.C.

CAPITOLO III

L'ECONOMIA

Agricoltura, raccolta di frutti selvatici, allevamento e, in misura minore, caccia furono, sin dagli albori, i cardini dell'economia dei veneti, la cui vita era fondamentalmente imperniata sul villaggio. In pianura, nelle aree dei villaggi adibite a orticoltura (generalmente le zone più basse, tra i dossi su cui sorgono gli abitati) si concentrava principalmente la coltivazione di fave e lenticchie, mentre in aree più esterne all'abitato si coltivavano estensivamente, si direbbe oggi, frumento, orzo, avena e miglio. È probabile che gli agricoltori veneti conoscessero e adottassero tecniche di coltivazione come il maggese o la rotazione di legumi e cereali, trasformando questi ultimi in farina con l'uso di macine di varie dimensioni e pestelli di pietra.

Era diffusa la vite selvatica, in seguito sottoposta a selezione e utilizzata per produrre il vino retico, molto apprezzato presso i romani. L'allevamento si concentrava su bovini, ovini e soprattutto suini. Gli ovicaprini davano lana e latte con i relativi prodotti di trasformazione, incluse le lane (quelle altinati saranno molto apprezzate), la cui abbondanza stimolò la nascita di un artigianato legato alla filatura e alla tessitura per la produzione di capi di abbigliamento, ma anche tappeti, famosi presso i romani. I bovini erano allevati essenzialmente per la produzione di latte e la lavorazione di prodotti caseari, oltre che per il lavoro dei campi; dell'animale si sfruttavano ossa e cuoio piuttosto che la carne. Il cavallo era utilizzato prevalentemente come animale da lavoro, ma poteva essere sfruttato anche come fornitore di carne.

Ricca la cacciagione offerta dai boschi, dove abbondavano cervi, cinghiali e volpi, mentre nelle paludi e nelle valli si trovavano castori e uccelli acquatici. La pesca era ovviamente diffusa nelle acque di fiumi, stagni, paludi, valli e bacini lagunari.

La produzione ceramica, in uso in queste aree sin dal bronzo recente, conobbe un sensibile impulso sin dal X secolo, quando artigiani specializzati cominciarono a lavorare, a tempo pieno, per tutta la comunità.

Nei nuclei montani, l'economia era basata sull'allevamento di ovicaprini, bovini e suini, e su un'agricoltura praticata su terreni circostanti il villaggio, con colture prevalenti di cereali e leguminose, oltre che sulla caccia agli animali selvatici. Anche qui, con il definirsi delle peculiarità venete nell'età del Ferro, la lavorazione dei metalli divenne un'attività di punta, soprattutto negli insediamenti ubicati lungo le vie di comunicazione con l'Europa transalpina, dove ci si spostava, almeno in fase iniziale, per l'approvvigionamento di metalli.

Intorno al X secolo, l'agricoltura conobbe una fase di sviluppo, a scapito, naturalmente, delle aree boschive; la coltura cerealicola si arricchì di farro, miglio e panico in aggiunta a orzo e legumi e il legname ricavato dall'abbattimento degli alberi serve per l'edilizia, la produzione artigianale, lavori di carpenteria. Nell'allevamento, prevalevano ancora ovicaprini e suini, mentre i bovini continuavano a essere impiegati soprattutto nei lavori agricoli; la carne per il consumo umano era fornita invece da maiali e agnelli. In questa fase, la caccia cominciò a diventare un'attività accessoria, praticata prevalentemente per ottenere dai palchi dei cervi l'osso-corno, uno dei materiali più utilizzati per la realizzazione di attrezzi e oggetti vari (picconi, zappette, pettini per cardare la lana, manici per coltelli e punteruoli, ma anche piccoli ornamenti). Erano in metallo, in particolare bronzo, soprattutto gli accessori per abbigliamento, gli ornamenti e gli oggetti per uso personale, per attività domestiche, agricoltura, pastorizia, carpenteria, pesca. Dalle aree villanoviane etrusche i Veneti importavano ferro, rame e stagno e oggetti finiti. Rame e stagno giungevano anche dall'area alpina e il rame, in particolare, dalle miniere dell'alto vicentino. In questo periodo si diffusero alcune tecniche di lavorazione dei metalli, probabilmente attraverso artigiani in arrivo proprio dalle aree etrusche, destinate ad avere sviluppi eccezionali nei secoli successivi. In un primo tempo, anche la produzione ceramica trasse ispirazione da modelli greci ed etruschi, ma proseguì poi in direzione di uno sviluppo originale, su base locale. Si svilupparono ulteriormente l'artigianato del bronzo e della ceramica, filatura, tessitura, la lavorazione del legno, dell'osso-corno, cui si affiancavano l'allevamento del bestiame, la caccia e la pesca.

Verso la fine dell'VIII secolo il territorio veneto era al centro di fervidi scambi tra Etruschi a Sud del Po – Bologna/Felsina – e Alpi nord-orientali per metalli, sale; contatti che lasciavano traccia in oggetti scambiati come doni tra capi, quali i lebeti e le situle di provenienza settentrionale, fibule, rasoi, spade, cinturoni femminili di provenienza etrusca, che troviamo nelle tombe più ricche.

Intorno al VII secolo le produzioni artigianali conobbero un nuovo impulso, in particolare nella lavorazione ceramica. Il Veneto divenne a tutti gli effetti quel volano di diffusione di merci da Sud a Nord e da Est a Ovest, in particolare oggetti ornamentali, con il pieno affermarsi della moda "orientalizzante". In questo periodo, nel rigoglio di scambi e relazioni, nacquero le prime creazioni dell'arte delle situle: una multiforme produzione di oggetti in bronzo con decorazioni a sbalzo di figure di animali reali o fantastici, raffigurazioni umane, motivi vegetali, che i veneti avevano appreso grazie ad artigiani specializzati forse in arrivo dall'Etruria attraverso Bologna.

Nel VI secolo a.C., a seguito del ciclo positivo caratterizzato dall'aumento della popolazione e da un deciso impulso economico, si ripopolarono anche centri che erano stati abbandonati, tra i quali Montagnana. Padova entrò a far parte del circuito commerciale che vedeva il Nord-Est particolarmente attivo. Il baricentro del sistema commerciale della penisola si spostò sul Mediterraneo e i centri che vi si affacciano finirono per acquisire caratteri di omogeneità culturale. Si infittirono i rapporti tra le popolazioni del Po e i Greci, che portavano vasi attici a figure nere, mentre localmente si producevano le ceramiche a fasce rosse e nere, di concezione tipicamente Veneta. Nei porti dell'alto Adriatico, in cambio di ceramica, olio e vino, i metalli grezzi, i Greci potevano acquistare l'ambra baltica, il sale (in arrivo dalle aree transalpine) e il bronzo lavorato di provenienza etrusca. I manufatti greci ed etruschi dall'area deltizia raggiungevano l'Etruria padana, ma superavano anche le Alpi.

I Veneti, da parte loro, esportavano cavalli, ma probabilmente sfruttavano anche le servitù di passaggio che permettevano agli etruschi di Spina di raggiungere gli scali adriatici e i mercanti greci, per approvvigionarsi di ambra, metalli e sale (di produzione veneta o d'oltralpe), elemento indispensabile per la conservazione e il commercio della carne. Nella seconda età del Ferro comparve l'aes rude, cioè pezzi di bronzo grezzo di peso e forma variabile, utilizzati come mezzo di scambio, anche se non acquisiti come moneta vera e propria. Esemplari di aes rude erano inseriti anche nei corredi tombali.

Con il III secolo a.C., entrarono in circolazione le dramme venetiche, cioè monete che imitavano quelle adottate a Massalia (l'attuale Marsiglia) in area celtica e che si ipotizza fossero utilizzate proprio per scambi commerciali con quell'area.

Per gran parte dell'Italia peninsulare, in particolare l'area meridionale e tirrenica, il IV secolo a.C. fu un momento di crisi, caratterizzato dalla pressione celtica, mentre, anche a livello internazionale, il sistema di commerci e relazioni attraversava una fase di turbolenza. Nella Penisola i centri dell'Etruria marittima decaddero progressivamente, mentre altri centri nascevano nell'Etruria interna e in quella Padana, ma il Veneto sembrava essere solo lambito dai problemi sollevati da questi movimenti.

Dal punto di vista "del mercato", la novità del periodo era il commercio di anfore da vino che i commercianti della Magna Grecia portavano ad Adria e Spina; da qui, i manufatti erano poi smistati in area veneta. Si trattava in genere di piccoli contenitori della capacità di circa 15 litri, adatti a contenere il vino forte e liquoroso tipico dell'epoca. Dalla metà del III sec. a.C. prese avvio una produzione vitivinicola locale in vari centri della costa adriatica e il vino adriatico cominciò a penetrare nei mercati mediterranei.

In quest'ultima fase dell'età del Ferro continuavano a circolare oggetti di lusso di ispirazione greca, anche se i commerci, dopo la guerra del Peloponneso, erano ormai interrotti. Nel frattempo, si era affermata anche una produzione locale di oggetti di metallo, in piccole officine o, nel caso di lavorazioni più complesse, in centri specializzati. Oggetti metallici di lusso, provenienti dall'area etrusca o da quella dell'Europa centrale, si diffusero capillarmente soprattutto lungo l'asse del Piave, come testimonia il ritrovamento di oggetti ornamentali distribuiti dal Cadore, considerata isola celtica, fino ad Altino. Dal III secolo, lungo questa direttrice commerciale arrivarono anche le armi, fenomeno testimoniato dalle sepolture di armati ritrovate ad Altino.

La ceramica

Le attività domestiche comprendevano la conservazione delle derrate alimentari, la cottura e il consumo del cibo in appositi recipienti realizzati in ceramica. In un primo momento, gli oggetti in ceramica erano realizzate a mano o con tornio lento; si trattava prevalentemente di oggetti da mensa, recipienti per la cottura e la conservazione dei cibi. Piuttosto semplici anche le decorazioni più antiche, che prevedevano anche tecniche a stampo, a "pettine" o impressione a cordicella. In ceramica erano realizzati attrezzi per la tessitura quali fusaiole, rocchetti, pesi, taralli, e oggetti come vasi a forma di animale, piccoli carretti e figure umane e animali in miniatura. Nel campo della produzione ceramica, era il Veneto orientale a mostrarsi più recettivo rispetto alle influenze limitrofe. Se inizialmente sui vasi spiccavano le decorazioni a cordicella, dalla metà dell'VIII-VII secolo si affermò la decorazione a borchiette metalliche e a lamelle; le prime erano applicate sul vaso prima della cottura, mentre le lamelle, generalmente di stagno, erano applicate con collante naturale sulla superficie del vaso. Alla fine del VII secolo comparvero particolari tipi di finiture superficiali lucide steccate e anche tipologie con decorazioni a stralucido ottenute sfruttando l'effetto di contrasto tra le parti lucide e quelle opache. Dal VI secolo, la produzione ceramica era ormai appannaggio di botteghe qualificate che utilizzavano prevalentemente il tornio veloce ed erano in grado di produrre manufatti in una grande ricchezza di forme e decorazioni.

Scoppiò allora la moda del vasellame dipinto a fasce rosse e nere, prevalentemente orizzontali, separate da cordoncini; l'alternanza di fasce rosse e nere, ispirata alle ceramiche di importazione attica, era realizzata con larghe pennellate di ocra per il rosso e ferro o grafite per il nero finirono per affermarsi come specifica dell'artigianato ceramico veneto.

Ricorreva, più raramente, in varie fasi, anche l'uso della decorazione a stampiglia, caratterizzata da motivi geometrici o rappresentazioni di animali e vegetali, impressi a crudo con punzoni o "timbri" sulla superficie dei vasi, prima della cottura, mentre si consolidava la tecnica di applicazione di lamelle di stagno, insieme a quella dello "stralucido", declinata a Padova in ampie gamme di motivi geometrici. E proprio a Padova ebbe fortuna un'originale produzione a imitazione dei vasi metallici, le cui forme e decorazioni erano riprodotte in versione fittile; gli artigiani giunsero a rivestire interamente il vaso con una sottile lamina di stagno per offrire una maggiore verosimiglianza. Le decorazioni in rilievo su questi manufatti traevano ampia ispirazione dall'arte delle situle.

Dal IV-III secolo a.C. fino alla romanizzazione, sul mercato veneto erano presenti la ceramica a vernice nera, la ceramica grigia e quella di colore arancio. Di origine etrusco-padana, ebbe particolare fortuna qui come in tutto il Nord Italia, la ceramica grigia; si trattava di una ceramica fine per uso domestico, realizzata con argilla depurata di qualità medio-alta che finì per stimolare una produzione imitativa locale: gli artigiani veneti, dal IV secolo a.C. in poi, declinarono questo materiale in varie forme. Più economici rispetto agli originali, questi manufatti capillare erano apprezzati come vasellame fine da mensa. Le officine, in particolare quelle del Veneto orientale, si rivelarono particolarmente vivaci e aperte a modelli esterni e, dal IV secolo, il processo imitativo cominciò a trarre ispirazione anche dal raffinato vasellame da mensa a vernice nera, destinata a un consumo di lusso, in arrivo da Volterra, che arricchì la gamma formale della produzione locale, fino al II secolo a.C. Allo stesso tempo, le nuove suggestioni e la stessa imitazione dei modelli importati, finirono per stimolare la ripresa di una produzione tradizionalmente veneta, e l'adozione del tornio rapido. A partire dal III secolo a.C. le ormai scarse importazioni ceramiche si limitavano a quelle etrusche e apule, che avevano soppiantato la produzione attica.

Le attività femminili

All'economia contribuivano anche le donne, prevalentemente nella cura della casa, ma anche dedicandosi alle attività di filatura e tessitura della lana. Se la filatura era attività femminile per eccellenza, la tessitura rappresentava invece una sorta di status symbol: attività prestigiosa, di carattere aristocratico, contribuiva a dare lustro alle "signore" dell'epoca e probabilmente assicurava loro anche un introito economico. L'artigianato tessile era alimentato dalla produzione laniera, legata all'allevamento di ovicaprini, che ebbe il suo esito migliore a Padova, nei "gausapoi", i pregiati tappeti di produzione patavina citati anche da Strabone in epoca romana. Una produzione tessile di carattere artigianale legata all'abbondanza di lana era attestata nell'alto vicentino, nella seconda età del Ferro. La materia prevalentemente tessuta era la lana, ma è probabile che si lavorasse anche il lino.

Dopo essere stata lavata e cardata, cioè "pettinata", la lana era filata con l'impiego di fuso e conocchia, tirata a poco a poco e arrotolata con le dita. Quindi, era fissata e avvolta al fuso che poteva essere d'osso, di legno o di metallo, alla cui estremità inferiore era infilata la fusaiola, un piccolo peso di terracotta che aveva la funzione di facilitare l'operazione.

Per la tessitura si utilizzavano inizialmente telati verticali di legno, in genere appoggiati alla parete all'interno di un varo domestico. La tessitrice faceva passare una serie di fili perpendicolarmente all'ordito, realizzando così il tessuto. Poiché i telai avevano struttura lignea, non sono rimasti reperti di questo tipo, ma possiamo risalire alla loro struttura attraverso i vasi greci e anche attraverso i modelli in lamina di bronzo reperiti nelle sepolture; sono molti, invece, i pesi fittili recuperati. Nel nord dell'Italia, si impiegavano anche grandi pesi a forma di disco. Era usanza comune avvolgere il filo di trama in bastoncini di legno o osso, anch'essi difficili da ritrovare negli scavi. Un telaio poteva utilizzare fino a sessanta o settanta pesi, variabili in base al tipo di filato da tessere, alle dimensioni del capo da confezionare e alle dimensioni del telaio. Pesi molto leggeri sono stati ritrovati invece ad Altino, probabilmente utilizzati per filati molto sottili e già diffusi nel Bronzo finale. I pesi potevano essere decorati con cerchietti punzonati o punti impressi in varie combinazioni, motivi impressi a rotella e decorazione a stella realizzata a punzone. Ad Altino, oltre ai pesi decorati, erano in uso pesi con un motivo a X inciso sulla sommità, forse con valore ponderale. In ambito imperiale, una volta cessata la loro funzione, questi pesi erano utilizzati soprattutto come materiali edilizi.

Oltre ai telai verticali, erano in uso anche quelli a tavoletta, costituiti da una serie di tavolette quadrangolari in osso o legno, dotate di appositi fori e da utilizzare tutte insieme. Si trattava di una tecnica caratterizzata da elevata specializzazione, complessa e raffinata, che consentiva di realizzare strisce di tessuto, bordure decorate o cinture, ad esempio.

Anche la macinatura dei cereali era un'attività domestica e quindi compito squisitamente femminile. Nell'età del Bronzo, le donne utilizzavano, a questo scopo, macine costituite da una pietra di base (levigatoio) sulla quale frantumavano i grani con un macinello di tipo "sferoidale", manovrandolo con una sola mano, oppure "a pagnotta", cioè cilindrico, che facevano ruotare sul levigatoio con due mani, inginocchiandosi accanto al levigatoio. In seguito, le dimensioni dei macinelli aumentarono e, conseguentemente, anche il peso di questi attrezzi ai quali erano applicate delle impugnature che rendevano più agevole manovrarli.

La frequenza dei ritrovamenti di punteruoli da cuoio nelle sepolture femminili dimostra, infine, che anche la lavorazione del cuoio era un'attività tipicamente femminile.

L'arte delle situle

L'arte delle situle rappresenta il vertice dell'artigianato veneto, l'esito più celebrato dell'abilità degli artigiani locali nell'accogliere influenze esterne e a farle proprie per rielaborarle, creando modelli originali. La tipologia definita situla circolava sin dall'età del Bronzo, ma solo da una certa fase in poi cominciò ad essere decorato e, verso la fine del VII secolo a.C. a partire da Este, fiorì, in piena fase orientalizzante, quella che è nota come "arte delle situle". Lo stimolo iniziale era giunto dagli artigiani etruschi, particolarmente attivi a Bologna, ma presenti anche in territorio veneto, in un'epoca in cui era abbastanza comune lo spostamento di figure specializzate che prestavano la propria opera su commissione presso le varie sedi principesche europee; circostanza, quest'ultima, che spiega la diffusione di modelli decorativi simili in differenti aree geografiche.

Destinate a una produzione di lusso, e utilizzate nell'ambito di cerimoniali che prevedevano il consumo di alcolici, ma spesso presenti nei corredi funebri di soggetti appartenenti alle classi dominanti, le situle erano vasi metallici realizzati con l'impiego di lamine di bronzo modellate singolarmente e poi ricongiunte a formare i tipici vasi a forma di secchia (è questo il significato latino del termine) poi elaborati in forma più elegante. Le lamine erano lavorate a sbalzo, cioè battute dapprima al rovescio per far sollevare il lato dritto nelle forme volute e creare figure che l'artista rifiniva nuovamente sul lato dritto, utilizzando vari tipi di cesello

La connotazione più forte dell'arte delle situle è la tipologia narrativa delle decorazioni che, pur riflettendo la visione di una classe dominante e soddisfacendone il bisogno di rappresentazione e celebrazione, raccontano molto del mondo e della cultura dei Veneti.

Dal Veneto, l'arte delle situle si diffuse in un'area piuttosto vasta. I canoni del linguaggio delle situle erano utilizzati in modo omogeneo e coerente su un'area che superava i confini del Veneto, fino ad arrivare in Austria e in Trentino e raggiungeva la Slovenia. Arriva, infatti, da Vace, in Slovenia, un bellissimo esemplare di situla, il più importante della regione, forse destinata a un governante locale o commissionata per celebrare una successione al trono, in cui sono riconoscibili una processione con carri e cavalieri di alto rango, una figura di sovrano, servitore, una sequenza di animali fantastici.

Le prime composizioni, risalenti alla fine del VII secolo, raffiguravano generalmente sequenze di animali ed elementi vegetali ma potevano creare una vera e propria narrazione, come nella Situla Benvenuti, il capolavoro indiscusso di quest'arte, inserita nel corredo funebre di una tomba della necropoli Benvenuti di Este; un oggetto di grande bellezza, che sembra appartenere ad una bambina di età inferiore ai tre anni e rappresenta una prova di grande rilevanza dell'ereditarietà del lignaggio, considerato il grande valore che doveva possedere, anche allora, un oggetto del genere. Seppure mancante della base, questa situla offre la narrazione forse più completa e artisticamente rilevante giunta sino a noi sulla società dei Veneti e sulla loro vita. La decorazione è suddivisa in tre fasce che rappresentano uomini, attività umane (guerra, gare, commercio) e figure mitologiche, insieme a animali reali e fantastici. Nella parte alta, compare un signore in trono, all'interno di una scena che probabilmente descrive una festa o una celebrazione. Nella parte centrale, illustrazioni ispirate al mondo naturale, con una serie di piante e animali fantastici. Nella fascia inferiore, compaiono invece immagini di guerra e, in particolare, una scena di trionfo.

Con il tempo, il linguaggio narrativo delle situle si fece più elaborato e l'iconografia più articolata. Nel corso del VI secolo, le decorazioni apparivano sovraccariche di linee curve e svolazzanti ed elementi mitologici, secondo i canoni di uno stile definito "orientalizzante barocco". Allo stesso tempo, il mondo decorativo delle situle fu progressivamente traslato ad altri oggetti come foderi di coltelli, ganci, cinturoni, laminette, vasi, coperchi, cinture e foderi di pugnali, elmi, spade e altri manufatti, caratterizzati da motivi decorativi legati alla realtà quotidiana, ai commerci, alle attività agricole, alla ritualità, alla guerra, insieme agli immancabili animali fantastici di derivazione orientale.

Nel secolo successivo, l'aprirsi di una nuova fase "manieristica" era ormai evidente anche nelle decorazioni su oggetti di uso comune: la scena rappresentata su un cinturone rinvenuto a Este, per esempio – un cavaliere con belve che azzannano il cavallo – rielabora un soggetto di gusto tipicamente "orientalizzante". L'elaborazione e la sovrabbondanza dei motivi decorativi divennero quasi parossistiche, al punto che l'apparato decorativo finì per rivestire l'intera superficie delle situle.

Le situle di "ultima generazione" che cominciarono a circolare intorno al IV secolo a.C., erano invece riconoscibili per l'assenza di decorazioni sul corpo del vaso. La decorazione era invece limitata ad una fascia superiore, e aveva ormai perduto ogni elemento naturalistico, mentre vi figuravano animali fantastici, a volte difficilmente interpretabili.

L'ultimo esito dell'arte delle situle, risalente alla fine del III secolo a.C., è splendidamente rappresentato dal sedile della tomba di Nerka, la cui spalliera è decorata con una fila di animali.

Il Cavallo

Il cavallo è l'animale-simbolo dei Veneti antichi. Il suo valore simbolico possedeva una tale forza che questo animale era stalvolta raffigurato da solo, al posto del cavaliere, e doveva esprimere, in questo modo, un significato condiviso certamente dalla classe dei cavalieri (ekupetaris) ma possedeva forse un valore totemico riconosciuto da tutti i Veneti. L'allevamento di questi animali era uno dei perni dell'economia veneta e la qualità indiscussa della razza locale guadagnò una fama che si estendeva su tutta l'area mediterranea. I cavalli veneti erano al centro di un fruttuoso commercio internazionale che probabilmente spingeva i proprietari a marchiare i propri armenti per identificarli, come riportò Strabone in epoca romana; si trattava di una sorta di marchi di famiglia tramandati di padre in figlio. Sono numerose le fonti che documentano l'esportazione su mercati di prestigio dei cavalli veneti. Ambiti per le loro eccezionali prestazioni, la velocità in primo luogo, i pregiati cavalli da corsa veneti finirono per entrare nel mito: in un'edizione dell'Olimpiade di Atene, nel V secolo, un cavallo veneto, montato dallo spartano Leone ottenne la vittoria, e, nel 387 a.C., persino Dionisio I, tiranno di Siracusa, acquistò cavalli veneti per migliorare la qualità del suo allevamento personale.

L'importanza del cavallo nel mondo veneto è ribadita costantemente attraverso le testimonianze archeologiche e storiche giunte fino a noi. Il cavallo era protagonista nei luoghi della cultura per eccellenza, cioè i santuari e le necropoli dove lo celebravano gli ex voto a forma di cavallo, le immagini nelle situle, le lamine figurate, quelle di Lagole in particolare, e le stele patavine, senza contare le sepolture di cavalli, soprattutto ad Altino, ma anche a Este e Padova. Si tratta di testimonianze materiali che corredano e confermano le narrazioni degli osservatori romani giunti qui intorno al II secolo a.C., a fondare quella che diverrà la "X Regio".

Nella già citata situla Benvenuti, compare una figura maschile (un "dominus") che tiene alle redini un cavallo, al quale un sottoposto sta preparando uno zoccolo; una scena che suggerisce il rango elevato del personaggio che sorveglia la scena seduto, probabilmente il proprietario del cavallo.

Le iscrizioni venetiche riportano e confermano la centralità del cavallo sia come animale, sia come indicatore di rango sociale. A Este, tra i materiali della stipe di Reitia, una basetta votiva riporta la scritta "s ekvon donaste Reitiai mego"; si tratta di un'iscrizione parlante, in cui l'oggetto offerto, in questo caso il cavallo, o meglio la statuina a forma di cavallo sostenuta dalla basetta, spiega di essere stato donato a Reitia.

Strettamente collegato al cavallo nelle iscrizioni, a Padova, Este, Altino compare il termine "ekupetaris", comunemente interpretato come "signore del cavallo", ma anche forse riferito a una classe sociale ben precisa, quella dei "cavalieri", che richiamano gli "equites" latini. La più antica iscrizione di questo tipo è riportata sulla stele di Camin (Padova), risalente al VI secolo, periodo in cui a Roma si costituiva la classe degli equites. Da "signore del cavallo" inteso come allevatore di cavalli, il termine può essere stato traslato ad un ambito sociale, per identificare la classe sociale equestre, appunto. Un dato che riporta alla serie di sepolture patavine di defunti appartenenti alla famiglia, degli Andeti; si tratta di personaggi di spicco, il cui nome è associato al termine ekupetaris in tutte le iscrizioni riferite a loro. Tra l'altro, in uno dei famosi "ciottoloni" di Padova, riferito proprio agli Andeti, è riconoscibile una specie di simbolo araldico che potrebbe essere il marchio di cui parla Strabone. Il termine ekupetaris è stato rilevato in iscrizioni a Padova, Altino ed Este, anche se in forme diverse, ma la figura dell'ekupeta era forse una realtà istituzionale comune a tutto il Veneto.

Un ruolo tanto importante nella società veneta fa riscontro a un'usanza la cui diffusione è sempre più attestata: la sepoltura dei cavalli.

Sepoltura che poteva avvenire nelle necropoli in associazione con sepolture umane ma anche in zone distinte predisposte unicamente per inumazioni equine. Una consistente sepoltura di cavalli, una delle prime rinvenute, si trova nella necropoli di Brustolade, a Quarto d'Altino, che ne comprende ben trenta. A Este, alle sepolture equine è dedicata un'intera necropoli. Sepolture umane ed equine sono testimoniate a Padova, Este, Altino, Oderzo, Oppeano, Gazzo Veronese e Adria. Per la sua valenza non sono economica, ma anche culturale, il cavallo era anche oggetto di culto ed era al centro di rituali sacrificali, secondo una tradizione risalente all'India vedica che perdurò fino all'età romana, coinvolgendo anche il mondo celtico e trace; un esempio è il cavallo bianco (il bianco è simbolo legato al cielo/sole) sacrificato a Diomede proprio in area veneta, di cui narra Strabone.

Il sacrificio dei cavalli in onore dei defunti richiama scenari omerici, in particolare l'uccisione rituale di quattro cavalli sul rogo funebre di Patroclo, da parte di Achille. Il rituale che prevedeva il sacrificio del cavallo è connesso al culto solare e rimanda alla sfera della regalità o all'ambito eroico, cioè l'omaggio a defunti di alto rango; i cavalli, ad Altino in particolare, probabilmente erano sacrificati e inumati dopo il loro impiego in corse cerimoniali con carri. Ad Adria, zona di confine tra mondo veneto ed etrusco, un carro completo è stato interrato insieme ai cavalli che lo trainavano. Il sacrificio equino poteva accompagnare anche il rito di sacralizzazione di un nuovo spazio funerario, in occasione della sua "apertura" e inaugurazione. Il ruolo del cavallo nel mondo veneto si rispecchia anche nei toponimi ancora in uso, come, come ad esempio Equilo, l'attuale Jesolo, e l'attuale Lido del Cavallino.

Fig. 1 - Coppa a tre bracci

Fig. 2 - Vaso a forma di stivale

Fig. 3 - Vassoio a cuppelle rilevate

Fig. 4 - Cratere a campana attica a figure rosse

Fig. 5 - Vaso situliforme a fasce rosse e nere con ornato in stampiglia

Fig. 6 - Boccale

Fig. 7 - Olla

Fig. 8 - Scodelloni

Fig. 9 - Bicchieri

Fig. 10 - Olle

Fig. 11 - Tipologie ceramiche dei Veneti antichi

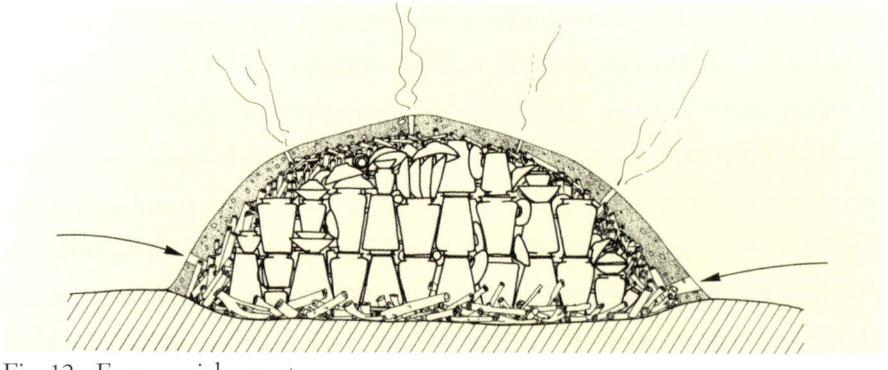

Fig. 12 - Forno a cielo aperto

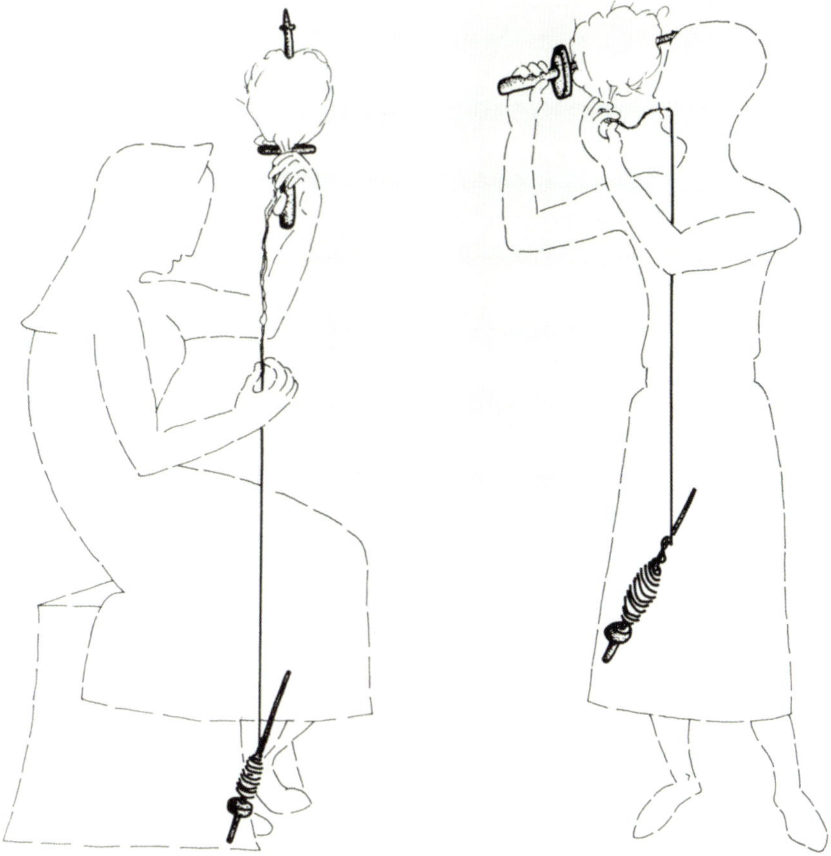

Fig. 13 - Donne in atto di filare

Fig. 14 - La filatura

Fig. 15 - Fusi di bronzo

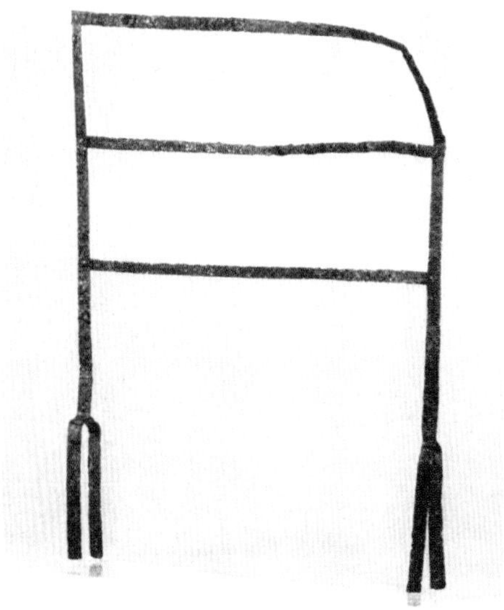

Fig. 16 - Modello di telaio verticale

Fig. 17 - Pesi da telaio

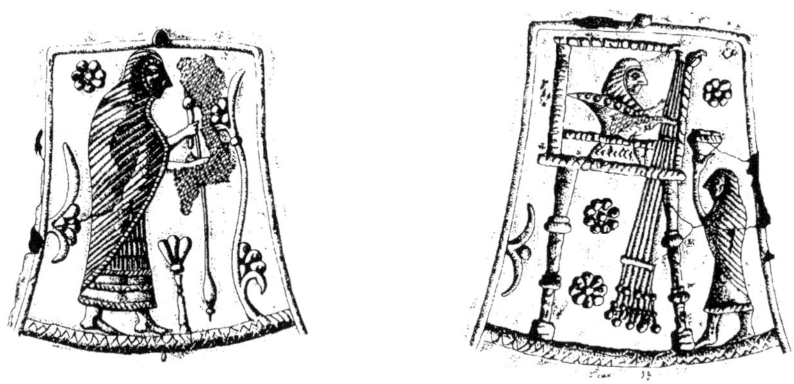

Fig. 18 - Tessitura

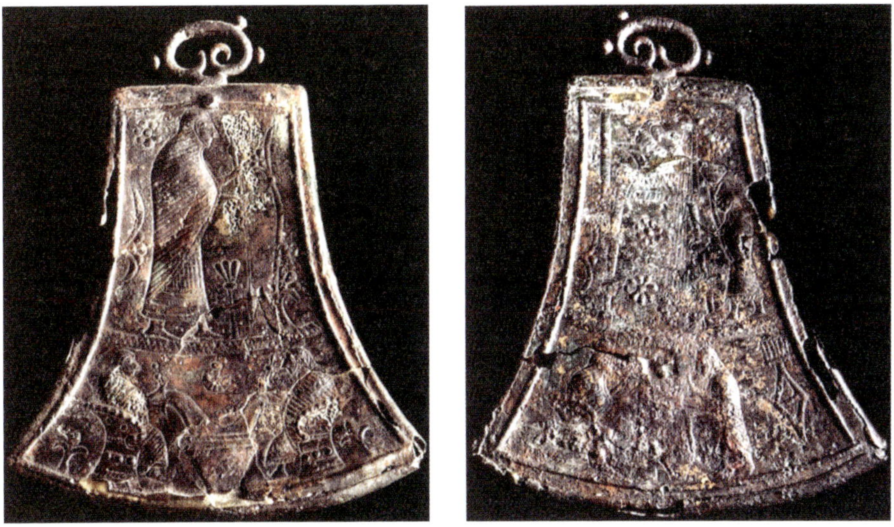

Fig. 19 - Tintinnabulo rinvenuto a Bologna, con illustrazione della lavorazione della lana

Fig. 20 - La molitura con macinello a pagnotta su levigatoio insellato

Fig. 21 - Vasi situliformi

Fig. 22 - Vaso con motivo a croce celtica

Fig. 23 - Situla della Certosa

Fig. 24 - Situla Benvenuti

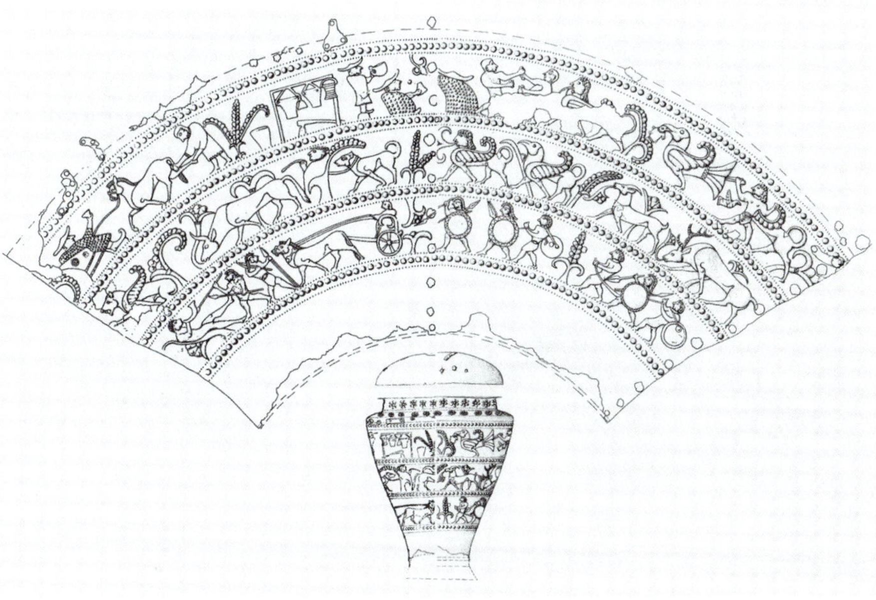

Fig. 25 - Sviluppo grafico situla Benevenuti

Fig. 26 - Situla in bronzo con figure sbalzate di tradizione orientalizzante

Fig. 27 - Modello di sedile con spalliera decorata da fila di animali

Fig. 28 - Cavallino di bronzo da stipe votiva, S. Pietro Montagnon

Fig. 29 - Paletta votiva in bronzo, fronte con cavallino

CAPITOLO IV

RELIGIOSITÀ, CULTO E CREDENZE

Nella semplicità della loro esistenza, gli antichi Veneti sentivano la presenza del divino in modo pervasivo ed esprimevano la propria religiosità in forme variegate, non solo nei luoghi di culto e nelle aree sepolcrali, ma anche in privato. La posa delle fondazioni domestiche, soprattutto a Padova e in aree ad essa collegate come Vicenza, era spesso accompagnata da offerte votive di statuine fittili o oggetti in bronzo che venivano interrati nelle buche di fondazione come gesto propiziatorio; un atto di devozione, questo, che poteva essere esercitato anche per sacralizzare l'ampliamento di un'area artigianale o spazi urbani. Solleva ancora dubbi, a Oderzo, il deposito di vasellame da tavola e da cucina, oggi interpretato come un probabile deposito rituale.

La religiosità dei Veneti metteva il devoto in rapporto con il divino e allo stesso tempo con gli elementi naturali, l'acqua in particolare, declinandosi in differenti identità divine. Luogo del culto per eccellenza e "residenza" ufficiale della divinità diventarono, in particolare dal VI secolo a.C. i santuari: ubicati normalmente al di fuori dello spazio urbano, quasi a esercitare un'azione protettiva, sorgevano spesso accanto all'acqua. Presso sorgenti termali sorgeva il santuario di San Pietro Montagnon (l'attuale Montegrotto Terme), identificato da un deposito di migliaia di tazzine-attingitoio legate all'uso dell'acqua termale; accanto a laghetti termali il santuario di Lagole di Calalzo, e lungo fiumi quelli di Reitia e dei Dioscuri a Este (sull'Adige) o presso acquitrini fluviali a Vicenza. Il santuario di Altino, infine, sorgeva ai margini della Laguna veneta, lungo il canale Santa Maria. Purtroppo, di questi santuari ci restano tracce esigue come buche di palo delle strutture lignee, cippi, solchi, qualche elemento di pavimentazione, residui di terra e scarichi di cenere e resti di ossa e frammenti di votivi. A resti tanto scarsi corrispondeva una scelta, confermata nel corso dei secoli, di "understatement" nelle manifestazioni del culto, che si esprimeva appunto nell'impiego di materiali semplici e deperibili per strutture di cui attualmente sono visibili tracce modeste. Le aree sacre potevano essere definite da semplici cippi, solchi o recinti scoperti oppure segnalati da pietre di confine agli angoli. Scelte "minimali" che si confermarono nei secoli, fino alla romanizzazione. Per la fase più florida e stabile della società veneta, tra V e IV secolo a.C., si parla di strutture sacre "monumentali", nel senso che in alcuni santuari furono realizzate pavimentazioni e ingressi e zone di passaggio o delimitazioni potevano essere contrassegnati da elementi in pietra. Di certo, l'area del santuario doveva essere delimitata (ed era inaugurata e sacralizzata), anche se non è possibile precisare la natura di tali delimitazioni. In questa fase, il culto era gestito anche comunitariamente e alcune iscrizioni votive suggeriscono la possibilità che esistesse una classe sacerdotale.

I santuari ospitavano cerimonie consistenti in offerte, processioni, preghiere e sacrifici. Il cerimoniale più semplice e antico era rappresentato dalla libagione: con piccoli recipienti, coppe o mestoli, i devoti attingevano l'acqua dal fiume o dalla sorgente adiacente al santuario, quindi bevevano in onore della divinità o versavano a terra l'acqua attinta, o forse anche altri liquidi, per poi spezzare ritualmente il recipiente utilizzato e gettarlo nella medesima acqua. Un rituale di matrice etrusco etrusca prevedeva invece che il liquido cerimoniale attinto (per gli etruschi era il vino) fosse ulteriormente versato in un apposito basso recipiente o patera.

Tra le attività del culto figuravano anche i sacrifici animali, in particolare bovini, suini, ovicaprini, ma anche cavalli. Alcune porzioni dell'animale ucciso erano offerte alla divinità, altre erano invece cotte e consumate dai devoti, come testimoniano le ossa di bue, pecora, suino e cavallo accumulate presso i santuari di Reitia a Este, San Pietro Montagnon, Lagole e Durina.

Le divinità destinatarie di questi riti avevano fondamentalmente il ruolo di protettrici della salute e i devoti spesso ne chiedevano l'intervento offrendo statuette o lamine figurate che riproducevano parti del corpo di cui si impetrava la guarigione, oppure sanate dalla divinità, con la funzione di ex-voto. Alle divinità si offrivano anche oggetti della quotidianità o loro modelli in miniatura. I devoti disponevano statuette votive su piccoli pilastri o basamenti di pietra (i donari), oppure appendevano laminette bronzee o fittili agli alberi o ad apposite strutture lignee. Dopo l'uso, i votivi erano periodicamente distrutti ritualmente e deposti entro scarichi realizzati a questo scopo, per essere sostituiti con altri più recenti e quindi sepolti con i resti dei sacrifici. Erano frequenti gli oggetti votivi con iscrizioni "parlanti", come fosse l'oggetto stesso a spiegare la propria funzione, indicando il nome del dedicante, l'oggetto donato, il nome della divinità e quello dell'eventuale beneficiario dell'offerta. Nel santuario di Meggiaro a Este sono stati ritrovati ex-voto in forma di utensili, oggetti ornamentali, lamine figurate con figure di guerrieri, e anche una lamina iscritta di bronzo, a forma di imbarcazione. La prevalenza di votivi maschili lo identifica probabilmente come centro di iniziazione. Quello dedicato a Reitia, sempre ad Este, era invece un santuario "federale", frequentato anche da devoti provenienti da altri centri. In generale, tra le offerte esposte nei santuari, erano frequenti le figure di fedeli maschili e femminili, in atto di preghiera o di offerta; la più nota è la cosiddetta "dea di Caldevigo", una statuetta bronzea raffigurante una devota riccamente abbigliata e con un'acconciatura elaborata. I fedeli offrivano anche modellini fittili di carretti trainati da cavalli o a forma di paperella, piccole figure animali – principalmente cavallini e uccelli acquatici. I donanti potevano essere singoli devoti ma anche intere comunità: in un'iscrizione trovata a Lagole, si legge, ad esempio, che "Ebos e Alero, magistrati, offrono per Turijone Okijaios da parte della comunità".

Tutto il mondo religioso veneto è aniconico: la divinità abita i luoghi sacri e vi accoglie i credenti con le loro offerte, ma non è mai rappresentata.

Un capitolo a parte si apre per i dischi votivi: i tredici esemplari sinora riportati alla luce provengono prevalentemente dal vicentino e dall'area del Piave. Nei primi, è riconoscibile un'iconografia tipica dell'area pedemontana (soprattutto raffigurazioni di uomini in armi e animali), mentre quelli dell'area plavense si distinguono per la presenza ricorrente di una figura femminile. Le due classi di dischi si differenziano anche per le tecniche di lavorazione: a punzone – come molte lamine provenienti dai santuari veneti – quelli di area vicentina, a incisione e sbalzo quelli dell'area plavense. Si tratta di oggetti riferibili al periodo di romanizzazione (dal III secolo a.C. al I secolo d.C.) e di probabile significato sacrale, forse deposti in corrispondenza di strade, in occasione di riti di fondazione o in ambito funerario.

La figura femminile ritratta nei dischi “di Montebelluna” e, più in generale, nell’area plavense, è identificata come “signora degli animali” e “signora delle chiavi”, ed è, appunto, strettamente legata alla realtà plavense. Riccamente abbigliata secondo la foggia veneta, infatti, nelle raffigurazioni più antiche regge spesso una chiave celtica e, dunque, considerata la simbologia correlata alla chiave, è identificata, in questa versione, anche come “signora della vita e della morte”. Ritratta affiancata da un lupo e da un airone, e interpretata come signora degli animali, che presiede alle stagioni, alle nozze e ai parti, presenta caratteristiche comuni a Este, Padova, Vicenza, Magré, Lagole, Villa di Villa e Durina. Nelle raffigurazioni più tarde, in luogo della chiave può reggere invece un cantaros o un bocciolo, come sul disco ritrovato a Millepertiche di Musile di Piave, dov’era probabilmente attivo un santuario connesso al culto delle acque tra IV e I secolo a.C. Rivestono la stessa funzione i dischi provenienti dalla pedemontana vicentina, che ritraggono, invece, uomini armati e animali.

È particolarmente rilevante il sito di Asolo, dove è stato riportato alla luce un sacrificio di dimensioni considerevoli, che coinvolge un enorme numero di animali, probabilmente connesso ad un rito di deposizione (lo lascia supporre la presenza di un palo confinario). Ad Asolo, inoltre, insieme a frammenti ceramici, quattro uova e dramme venetiche, risalenti all’inizio del I secolo a.C., sono state ritrovate deposizioni votive costituite da frammenti di ossi con iscrizioni in venetico. Elementi, questi, di grande interesse perché, forse, collegati alla pratica della divinazione, che sembra essere caratteristica delle aree pedemontane e prealpina. Tale pratica poteva avere luogo sia in ambito domestico sia all’interno dei santuari, probabilmente alla presenza di sacerdoti o magistrati preposti. I piccoli ossi iscritti, rinvenuti anche a San Giorgio in Valpolicella e nell’area vicentina del monte Summano, rimandano, in particolare, alla cleromanzia, che prevedeva l’estrazione di piccoli oggetti da lanciare per permettere all’officiante di trarne degli auspici per il futuro, “leggendo” i segni incisi sul lato visibile, in base alla posizione assunta cadendo a terra. In altri centri della stessa area, si utilizzavano allo stesso scopo astine magiche cioè frammenti di osso lavorati, con un foro centrale.

I santuari erano luoghi di culto ma spesso anche snodi commerciali, ubicati per questo in punti chiave lungo le principali direttrici commerciali. Piccoli santuari locali erano spesso situati presso fonti o corsi d'acqua, ma anche nelle campagne, con funzione di punti di attrezzati per la sosta di viandanti e pastori. Infine, i santuari erano anche i luoghi della cultura e ad Este, il santuario della dea Reitia divenne anche il luogo in cui si trasmetteva la scrittura e, forse, anche una visione di sé, della propria identità e del proprio ruolo nel contesto geopolitico dell'epoca.

Le strutture del culto

Per i Veneti, così come per gli etruschi, i santuari erano la "casa" della divinità, cui la comunità riservava un'area extraurbana, di cui oggi restano tracce, identificandola e delimitandola in modo visibile con cippi in pietra, come ad Altino, o con muri in pietra, come nel santuario atestino di Reitia. È ancora incerta, invece, la presenza di santuari urbani, poiché non restano tracce visibili. È Livio a parlare del santuario intitolato a Giunone che doveva essere situato nell'area urbana di Padova, nel quale erano esposti i rostri delle navi spartane di Cleonimo sconfitti dai patavini durante lo scontro del 302. Tra i siti più significativi figurano, insieme a quelli appena citati, anche i santuari di Lagole di Calalzo, San Pietro in Montagnon (l'attuale Montegrotto). Di pertinenza padovana e posto al confine con il territorio atestino, quest'ultimo fu attivo dal VI al III secolo a.C. ed era probabilmente dedicato a una divinità maschile; collocato accanto ad un laghetto termale era sede di riti di libagione connessi ai poteri terapeutici dell'acqua. Lo splendido sito di Lagole di Calalzo, posto in prossimità di sorgenti sulfuree, era il secondo centro di culto per importanza, dopo Este: anche qui prevaleva il rituale della libagione, accompagnato dall'accensione di grandi fuochi, che erano la prima "forma" degli altari; il fuoco rappresentava infatti il primo legame con la divinità e l'altare come luogo del fuoco, cioè luogo del sacrificio ovvero dell'offerta al dio in forma di fumo, attraverso la cottura. Santuario di frontiera, quello di Lagole era forse espressione della comunità (teuta=comunità, compare spesso nelle iscrizioni) a frequentazione mista, come appare evidente nelle iscrizioni votive, che sono venetiche, nella forma soprattutto, ma nella sostanza anche germaniche e celtiche; lo stesso nome del Cadore deriva dal celtico catubrigum. Lagole era in contatto con Villa di Villa e con il Friuli; un contatto stretto al punto che alcuni bronzetti votivi ritrovati nei due santuari sembrano prodotti dalla stessa officina. Lagole era frequentata da diverse etnie e quindi, probabilmente, sede di transazioni commerciali e forse anche di accordi politici tra popolazioni confinanti. Gli scavi hanno riportato alla luce, oltre a lamine e bronzetti, anche mestoli, che erano utilizzati nelle cerimonie sacre legate alla specifica divinità del sito e probabilmente legati all'uso dell'acqua dalle proprietà sananti, per versarle sulle parti del corpo malate, si potrebbe immaginare. Si tratta di mestoli iscritti con dediche che rappresentano la comunità. Gli spiedi in ferro attestano invece la pratica rituale del banchetto e della libagione. Numerosi i bronzetti che raffigurano offerenti, devoti oranti e guerrieri. L'abbondanza delle iscrizioni sugli oggetti votivi ne fa il secondo centro, dopo Este, per la documentazione epigrafica della lingua venetica. Di particolare rilievo le lamine quadrangolari a "pelle di bue", tra cui spicca quella raffigurante un cavallo di ottima fattura, che è divenuta il logo del sito.

Del santuario di Villa di Villa, che risulta attivo sin dal X-VIII secolo, sono invece emersi i resti di una struttura, con alzato a tecnica mista con consistente impiego di legno; probabilmente una "favissa", cioè una sorta di "discarica" di votivi, dopo l'uso; in particolare, sono stati rinvenuti anelli, fibule, pendagli, bronzetti a fusione piena raffiguranti guerrieri, lamine ritagliate, figurate con scene di processione, raffigurazioni anatomiche e altro. Le lamine figurate mostrano quello che potrebbe essere identificato come un dio pastore che indossa calzari e tunica, ripreso dai romani come Apollo. Inoltre, anche resti di ossa combuste, probabilmente resti di cerimonie sacrificali. Un sito con caratteristiche di santuario è stato rinvenuto anche ad Auronzo di Cadore, dove sono stati rinvenuti, come a Lagole, lamine a "pelle di bue", simpula, ma anche dischi bronzei figurati. Le iscrizioni, inoltre, sono scritte in un alfabeto molto simile a quello di Lagole.

Circondata da una cintura di santuari, Este ospitava il centro di culto più interessante dell'area veneta. Sorto nel VII secolo a.C., il santuario dedicato alla dea Reitia è considerato uno dei più importanti centri religiosi del mondo veneto. Si trattava di un centro scrittorio di estrema importanza per il mondo veneto, testimonianza di una cultura che prevedeva la trasmissione del sapere e Reitia stessa è la divinità che scrive, divinità del sapere. L'area del santuario era delimitata da un doppio fossato sul lato meridionale e presentava un piano pavimentato con probabile funzione processionale. Nella fase più antica, intorno al VII secolo a.C., si articolava in una serie di strutture di legno, parte di un edificio o semplici pareti, cui erano probabilmente appese le laminette votive dotate di appositi fori. Le statuette votive erano invece probabilmente fissate su pilastrini. Otto gli altari sacrificali individuati, posti lungo un ramo dell'Adige e identificati da una semplice recinzione di pietre, destinati ai sacrifici animali, alla celebrazione di libagioni e alla deposizione di offerte. I focolari e l'area circostante erano regolarmente sottoposti a manutenzione e periodicamente ripuliti, scaricando ceneri, resti di ossa, frammenti ceramici e oggetti in bronzo in depositi adiacenti. Qui sono stati rinvenuti alcuni ex voto, ma soprattutto bronzetti di uomini, donne, guerrieri e cavalieri, stili scrittori, fibule, dischetti e lamine figurate che rappresentano il popolo dei devoti del santuario di Reitia. Il santuario di Reitia continuò a essere utilizzato fino in età romana e la sua funzione scrittoria mantenuta, con esiti piuttosto curiosi: una tavoletta scritta in alfabeto latino, ma in lingua venetica, probabilmente testimonia lo sforzo di un soggetto locale di apprendere, appunto, la lingua dei nuovi arrivati. Con la romanizzazione, il santuario fu ristrutturato e reso stabile con la costruzione di un edificio composto di una decina di vani, dotato di pareti in muratura almeno in parte costituita da mattoni e tetto di tegole.

Nel santuario di Este-Meggiaro, sin dal VI secolo l'area sacra, intepretata unanimemente come un auguraculum, cioè un luogo deputato a trarre auspici, era costituita da una piattaforma sabbiosa, delimitata da otto blocchi di trachite e probabilmente una transenna di legno, ed era affiancata sul lato occidentale da una strada sulla quale era doveva essere steso un corridoio di legno sul quale i fedeli potevano sfilare in processione o sostare per assistere alle celebrazioni dei vari rituali.

A Vicenza sorgeva l'unico santuario urbano di cui resti traccia: gli scavi hanno riportato alla luce una porzione delimitata da un muro di pietra, forse resti di una costruzione a carattere sacro, e che ha restituito circa duecento manufatti, soprattutto lamine figurate e dischetti, perlopiù in bronzo. Zona "di frontiera" con il mondo retico, l'area vicentina contava altri due santuari, a frequentazione "mista": Magrè, frequentato da Veneti e Reti, e Trissino, frequentato da Veneti, Reti e Celti.

Tra i più importanti santuari, emerge per la sua specificità emporica, quello di Altino in località Fornace. Frequentato dalla fine del VI secolo a.C. fino all'età romana, era un centro aperto a scambi internazionali, e già dal IV secolo a.C. era probabilmente frequentato da popolazioni portatrici di altre culture e da stranieri di passaggio che venivano qui a presentare le proprie offerte votive. Intorno al V secolo a.C., Altino si aprì a contatti con l'area greca, della Magna Grecia, etrusco-umbra e celtica. Il santuario era corredato da una serie di strutture di servizio per le attività rituali, tra cui probabilmente figurava un porticato ligneo che circondava una corte interna. Tale struttura comprendeva piccoli ambienti e due altari di ceneri, cioè strutture formate dalla sovrapposizione di cremazioni successive, costituite da ceneri, carboni, resti di ossa combuste frammenti ceramici e delimitate da una recinzione in pietra alla base. Inoltre, erano presenti fosse di scarico contenenti i resti combusti provenienti dagli stessi altari, ceneri e oggetti in terracotta utilizzati nei rituali e altri oggetti votivi anche in bronzo. Gli altinati rimisero mano al santuario tra V e IV secolo a.C., sostituendo parzialmente il portico con un muro di legno affiancato da un piano di calpestio costruito con elementi in impasto di limo e delimitato da due cippi di trachite. Si trattava di una struttura forse destinata anche ad accogliere i pellegrini, oltre che di supporto per la periodica attività di manutenzione del santuario. Parte della recinzione della platea era integrata con elementi in pietra e sul lato orientale del sito era presente una strada, sulla quale, al momento dello scavo erano ancora evidenti i solchi carrai. Tra i votivi del santuario altinate figurano anche ceramiche locali quali dolii, olle, bicchieri, talvolta contenenti offerte di granaglie, pesce e carne, recipienti per la libagione, quali tazze e coppe, che potevano anche essere di produzione attica. Oggetti che erano spesso iscritti e comunque risultano essere stati invariabilmente frantumati a scopo rituale, dopo l'uso.

Nelle sepolture sono frequenti anche fusaiole riferibili alla filatura, attività tipicamente femminile. Segnalano, in particolare, la presenza di devoti di sesso maschile, i bronzetti votivi che ritraggono prevalentemente guerrieri in atteggiamento di assalto, riposo o offerta. Si tratta di oggetti di produzione locale, riferibili a una "tradizione" veneta, come quelli di Este e Padova. I bronzetti di guerrieri con armamento di tipo celtico testimoniano, inoltre, la progressiva penetrazione celtica in area venetica, che avveniva sia indirettamente, attraverso la circolazione di prodotti, sia direttamente, per la presenza di persone trasferitesi, per vari motivi, dalle zone celtiche in area venetica. Erano però le importazioni greche ed etrusche a rendere unico questo santuario rispetto agli altri, dove i manufatti offerti erano generalmente di produzione locale. Qui, circolavano bronzetti di importazione etrusca, accanto a piccole statuine fittili probabilmente provenienti dai templi della Magna Grecia e della Sicilia, oltre che dall'Etruria meridionale; in epoca più tarda, a questi si aggiunsero anche oggetti di foggia tardo-ellenistica e romana.

Le divinità

Quali erano le divinità adorate dai veneti? In realtà non è ancora chiaro se facessero riferimento a un unico sistema di divinità, o meglio a un unico "Pantheon", o se ciascuna comunità locale adorasse una propria divinità o, ancora, se nelle varie località, divinità comuni fossero note con nomi diversi. Anche per questo aspetto, la conoscenza è in divenire e gli studiosi sono ancora, per molti aspetti, nel campo delle ipotesi, anche se le divinità venetiche sembrano essere generalmente di tipo "poliadico", cioè legate al luogo. Per molto tempo si è creduto che si trattasse di figure esclusivamente femminili, con Reitia in testa, mentre ora si sta facendo luce su un quadro più articolato, comprendente anche divinità maschili e tipicamente guerriere.

La divinità a lungo collegata in modo più stretto al mondo venetico è Pora, il cui attributo, Reitia, ha finito per sostituirsi al nome originario della divinità. Reitia, dunque, potrebbe derivare da reito/fiume (dea del fiume, dunque), e anche dalla radice rekt, con significato di raddrizzare, con riferimento ad un concetto di giustizia o facilitazione del parto. Il nome Pora, cui era accostato Reitia, significa "dea del passaggio", da Poros = passaggio, letteralmente guado del fiume, ma da intendersi forse in senso metaforico e quindi applicabile a diversi ambiti. Reitia è, come detto, la dea che scrive, dea del sapere, dunque. Il suo appellativo "Sainati", la identifica, secondo gli studiosi, come divinità "poliade", cioè la divinità del luogo, una sorta di "santo patrono" della città.

A Lagole figura un Trumusiate o Tribusiate, probabilmente protettore della salute, della caccia, della guerra. Il teonimo Trumusiati/Tribusiati è di genere maschile, data la frequentazione esclusivamente maschile (e guerriera) attestata dalla presenza di dediche votive espressamente maschili, soprattutto di militari e mercanti. L'elemento "mus" indica luogo con connotazione di acque stagnanti, mentre la voce "tri" (tre) può forse riferirsi alla presenza di molti laghetti. A sancire l'identità maschile di questa divinità sembra essere la sua successiva identificazione con Apollo, in età romana. Si narra che durante la prima guerra mondiale i soldati feriti si immergessero nelle acque di Lagole per guarire e cicatrizzare le ferite.

A Valle di Cadore si hanno riscontri di una Louderai Kanei (Figlia-fanciulla), da alcuni assimilata a Core, figlia di Demetra.

Anche la destinazione del santuario atestino di Meggiaro a una divinità maschile si desume dalla presenza di ex-voto di carattere maschile e il rinvenimento di una lamina di bronzo a mezzaluna, sagomata come un'imbarcazione e con una dedica, secondo la formula dell'iscrizione parlante, probabilmente rivolta proprio a una divinità maschile.

Altino è un esempio di toponimo coincidente con teonimo: nel santuario di Fornace, frequentato sin dal V secolo a.C., il destinatario delle offerte nelle iscrizioni era, infatti, Altnoi, e solo in epoca romana il sito fu dedicato a Iuppiter altinatis. Ad Altino, un'iscrizione testimonia anche la presenza di un personaggio, "Belatukadro", da mettere in relazione con il culto celtico del dio della guerra, Beleno.

Nell'area padovana, è invece Abano a presentare la doppia valenza teonimo/toponimo, con il latino Aponus che si ipotizza riprendere un venetico "Aponoi". Aponus/Abano era una divinità con valenza oracolare che i romani identificarono con Gerone. Una coincidenza che vale anche se la sede originaria del santuario era l'attuale Montegrotto Terme (S. Pietro Montagnon), dalle caratteristiche probabilmente sananti e oracolare, e, si ipotizza, anche per Asolo ", dove gli ossicini iscritti riportano iscrizioni riferite a "matron", cioè "delle madri"; un culto, quest'ultimo, noto in Gallia, in area germanica e nella stessa Cisalpina.

Nell'area di culto di Auronzo, ormai in epoca romana e identificata da strutture murarie appartenenti a varie fasi, sono stati ritrovati dischi figurati, lamine e simpula di bronzo iscritti; questi ultimi, destinati al rito della libagione, sono di tipo simile a quelli di Lagole e riportano anche un formulario simile. Qui le dediche sono rivolte ai Maisteratorbos, che potrebbero corrispondere a “divinità reggitrici.

Nel santuario occidentale di Este, frequentato dal VI secolo a.C., le iscrizioni si riferiscono ad Alkomno, una divinità “doppia” che fa pensare al culto dei Dioscuri, di origine greca e filtrato attraverso la romanità, e quindi, ancora, a divinità maschili. I Dioscuri erano protettori dei viaggiatori per mare e la loro funzione era probabilmente riferita alla presenza di approdi fluviali nell’entroterra.

A Vicenza, in un’area che doveva essere occupata da un santuario di tipo urbano di carattere istituzionale, attivo dalla fine del V alla fine del I° secolo a.C., sono emersi alla luce circa 200 manufatti. Qui è emersa una stele votiva in pietra a forma di parallelepipedo rettangolo che riporta un iscrizione votiva ai “termonios deivos” (Dei confinari) e che potrebbe essere stata destinata all’ambito santuariale, ma anche posta con funzione confinaria, a testimoniare la sacralità del confine per i Veneti.

È ormai nota la presenza di culti misterici in area veneta, e la testimonianza più rilevante è costituita da un ciottolone rinvenuto in provincia di Padova che riporta l’iscrizione “mystes”, da alcuni riferita proprio ai culti misterici.

Infine, nel quadro religioso veneto non mancavano riferimenti a culti orientali: la presenza di un uovo di cigno nella tomba di una bimba di quattro anni a Lovara, nel rodigino, come simbolo di rinascita, si collega anche a culti di tipo orfico giunti attraverso coloni greci dell’Italia meridionale e, forse, attraverso mercanti da Adria e Spina. La sacralità del cigno risale alla prima età del Ferro, in Italia settentrionale, nell’ambito di una religiosità naturalistica che identificava il cigno come tramite tra uomo e il cielo, sede degli dei; anche nella mitologia greca il cigno era sacro ad Apollo e, nel racconto mitologico, conduceva il carro solare con cui il Dio si recò nella terra degli Iperborei, cioè, guarda caso, proprio presso i popoli che abitavano il territorio intorno al Po e all’Adriatico...

Fig. 1 - Bronzetto votivo raffigurante una devota in atto di preghiera o "dea di Caldevigo"

Fig. 2 - Disco di Montebelluna raffigurante la “Signora degli animali

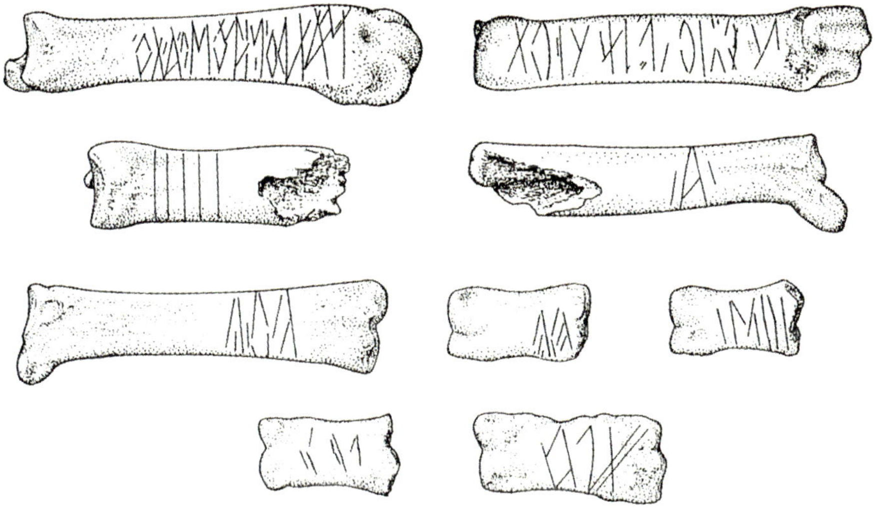

Fig. 3 - Ossi di maiale con iscrizioni da Asolo, area del teatro romano

Fig. 4 - Bronzetti di Lagole

Fig. 5 - Lamina con cavallo, santuario di Lagole

Fig. 6 - Bronzetto di Lagole raffigurante guerriero

Fig. 7 - Pendaglio a coppia abbracciata, Este

CAPITOLO V

NECROPOLI, SEPOLTURE E RITI FUNERARI

Il culto dei morti ci offre la mappa più vivida del mondo dei Veneti e mette a nostra disposizione un ingente serbatoio di informazioni che ha permesso agli archeologi di dare loro un volto, comprendere chi fossero e quali fossero le loro abitudini, ma anche di intravvederne la struttura sociale, il grado di competenze tecniche, le produzioni artistiche e la cultura.

I Veneti usavano cremare i defunti deponendone le spoglie su pire costituite da cataste di legno. Sul rogo potevano essere offerti in sacrificio anche animali e vasi contenenti prodotti di vario genere. Dopo il rogo, le ceneri dei defunti erano raccolte, inserite con i resti incombusti del corredo indossato dal defunto durante la cremazione in recipienti chiusi da tazze rovesciate, probabilmente avvolti da teli o da indumenti appartenenti al defunto stesso, e inserite in cassette o grandi vasi in terracotta (i dolii). L'usanza vuole che, dopo l'interramento, la terra di rogo fosse sparsa ritualmente sulle urne. Il cerimoniale "a ceneri sparse" prevedeva invece che nella fossa fosse versata solo una piccola porzione di ceneri, insieme al corredo funebre.

Gli ossuari potevano essere deposti in cassette di pietra, legno oppure materiali misti. In ogni caso, le tombe erano generalmente identificate da segnacoli di legno o in pietra, che con il tempo divennero sempre più elaborati e, con il comparire della scrittura, recavano iscrizioni che fornivano informazioni sul defunto. Notevole, a Gazzo Veronese, il gruppo funerario di due statue che rappresentano una coppia, probabilmente di personaggi di rango, risalente a un periodo tra VII e VI secolo a.C.

Le trasformazioni della società, nei secoli, si riflettevano anche in ambito funerario e finirono per modificare le modalità di sepoltura; così, dal VI secolo a.C., prevalse l'uso di inserire l'ossuario a sua volta in un grande vaso di terracotta, detto dolio, protetto da una lastra di copertura come le cassette. Sempre più frequentemente, dopo una prima sepoltura, le tombe erano riaperte in tempi successivi, per aggiungervi nuove deposizioni di soggetti che si presume fossero uniti da legami parentali. I resti combusti dei defunti "aggiunti" erano deposti nella medesima cassetta, se le dimensioni lo consentivano, oppure, in mancanza di spazio, inseriti in nuove cassette a fianco delle precedenti.

Insieme alle ossa combuste e alle ceneri dei defunti, le cassette o i dolii contenevano anche il corredo funebre costituito da capi di abbigliamento, oggetti personali e ornamenti di vario genere che testimoniavano anche il rango sociale e il sesso del defunto. Prima della cremazione e della sepoltura, si usava deporre nella fossa vasi da mensa di vario tipo, spesso contenenti cibo che doveva accompagnare il viaggio del defunto nell'aldilà oppure resti del banchetto funebre. Le aree di sepoltura, o necropoli, erano generalmente ubicate all'esterno delle città, talvolta divise da queste ultime da un corso d'acqua. Erano normalmente parcellizzate in "settori" costituiti da gruppi di sepolture a carattere familiare.

Nella maggior parte dei casi, le singole aree di sepoltura erano identificate da accumuli stratificati, cioè da bassi rilievi a forma arrotondata, realizzati con sedimenti fini in pianura e con pietrame o ciottoli nelle aree collinari, in cui le tombe erano collocate a vari livelli e potevano essere sovrapposte. Tali aree potevano essere delimitate, anche solo in parte, da bassi cordoli di limo, blocchetti di tufo o lastre di pietra (ad Este), assi di legno conficcate nel terreno (a Padova) oppure, ancora, in legno e ciottoli (a Montebelluna, Oderzo e Montebello), con andamento rettilineo o semicircolare. In genere, al centro campeggiava la tomba del capo-famiglia, affiancata da quelle degli altri familiari. In alternativa a recinzioni vere e proprie, le aree di sepoltura erano delimitate da cordonate rettilinee o semicircolari poste su un solo lato dell'area stessa.

Le necropoli potevano essere delimitate in vario modo: a Padova, per esempio, erano segnalate da stipi contenenti votivi deposte in punti di confine, mentre a Este, in modo visibile, con stele prive di iscrizioni. Delle due stele ritrovate a Este, una, in particolare, sembra essere stata consacrata da una cerimonia di libagione e da offerte di animali. Le necropoli potevano essere utilizzate a lungo, sovrapponendo a un primo livello di sepolture, ulteriori strati di ghiaia che certificavano la fine di un ciclo di sepolture e, allo stesso tempo, rendevano l'area disponibile per eventuali nuove sepolture.

Tra le aree di necropoli alpine, la più antica è quella di Mel, un centro attivo sin dal IX secolo a.C., in dinamica relazione con le aree transalpine, che si caratterizzava per la disposizione delle tombe in "circoli", forse destinati a contenere i resti di gruppi familiari, con aree di sepoltura delimitate da lastre infisse verticalmente nel terreno. Ma sono molto importanti sono anche, a Montebelluna, le due aree di necropoli di Posmon e Santa Maria in Colle.

A partire dal VI secolo, anche le necropoli risentirono della ventata di innovazione legata all'instaurarsi di una fase di sviluppo economico e sociale; la loro struttura divenne più elaborata e rifletteva l'elaborazione di progetti ben delineati. Inoltre, si infittirono le tombe a deposizioni multiple, contenenti due ossuari o resti di due o più defunti in un unico ossuario.

Dal VI secolo, a Padova entrarono in uso le tombe a dolio, che sono tipicamente presenti anche nel Veneto orientale e ad Altino, tradizionalmente era legata a Padova. In quest'epoca che vede la ristrutturazione delle principali necropoli, a Este, le singole aree di sepoltura furono delimitate da strutture "monumentali", cioè lastre calcaree e cippi di trachite disposti a emiciclo. La più grande struttura di questo tipo rinvenuta a Este è il tumulo detto della "Casa di Ricovero", grosso modo a forma di pera. La parte assottigliata costituiva un corridoio d'accesso delimitato da due linee parallele di lastre, prolungate da due file di piccoli cippi di trachite e percorsi stradali pavimentati; la porzione più larga del tumulo era invece recintata da elementi in scaglia rosa. All'interno, nella porzione centrale si trovavano tre grandi sepolture familiari, probabilmente appartenenti ai capostipiti, mentre altri elementi del gruppo erano sepolti tutto intorno. Qui, sono emersi i resti della cerimonia di libagione che aveva sancito una nuova fase dell'area.

Raggiungeva un diametro di 27 metri il grande tumulo ritrovato a Padova. Qui, il semplice cordolo di limo che delimitava le aree di sepoltura in fase iniziale, in fase di ristrutturazione fu sostituito da una staccionata lignea. A sancire l'inserimento delle nuove strutture, il sacrificio di due cavalli posto alla sua base.

Appartengono a questa fase i ben noti "ciottoloni" patavini, oramai interpretati come cenotafi, cioè monumenti destinati a celebrare personaggi “illustri”, appartenenti alle classi più elevate, ritrovati sia in ambito urbano che all’esterno dell’area urbana.

Di pari passo con il progredire della società, anche il corredo tombale si arricchiva, riflettendone l’apertura a modelli esterni conseguente al fiorire dei commerci e degli scambi, e l’articolazione in classi sociali che produceva anche figure con funzioni istituzionali. Nelle tombe, dapprima povere e contenenti pochi elementi di corredo – tranne nel caso di figure di alto rango come capi-città – aumentarono gli elementi distintivi di rango e ruolo sociale, oltre che del sesso del defunto.

Nelle sepolture erano inseriti prima di tutto oggetti ceramici espressamente destinati all‘impiego funebre, come vasellame di servizio, contenitori per liquidi e solidi con resti di animali e altri alimenti, vasi per bere, da mensa, attingitoi, coppe e persino modelli di alari, ma anche e brucia-profumi e, infine, vasellame di bronzo. Un ulteriore arricchimento dei corredi coincise, intorno al VII secolo, con l’avvento della moda “orientalizzante” introdotta con la circolazione di oggetti; il gusto del lusso tipico di questa tendenza trova espressione soprattutto nei corredi tombali atestini, quelli femminili in particolare, che contengono il materiale più interessante in questo senso.

I principali segni della ricchezza e del lusso erano costituiti dalle situle, i contenitori in bronzo utilizzati come ossuari per defunti di entrambi i sessi. Altro “indicatore “ di ricchezza di un gruppo familiare era la donna, come già detto, i cui fastosi corredi comprendevano spille, ganci, fibule, oggetti ornamentali come anelli, bracciali, orecchini, collane con perle in pasta di vetro, grandi pendagli-pettorali di bronzo, perle di pasta vitrea, manufatti ceramici, ma anche valve di conchiglia che potevano indicare l’attività di pesca e talvolta erano forate perché utilizzate come ornamento. Nelle tombe erano deposti anche manufatti in argento o oro, oggetti per la toeletta personale come pinzette o rasoi. Non mancavano, poi, attrezzi legati a specifiche professioni, come seghe, lime, astragali di animali a indicare l’attività di pastorizia, coltelli, spade e asce da caccia o rituali, ami a indicare l’attività della pesca, bardature di cavalli che segnalavano il possesso di cavalli e, più raramente, raspe per l’attività di falegnameria.

Per le sepolture femminili, la deposizione di fusaiole, rocchetti, conocchie e pesi da telaio, che richiamavano l’attività di filatura e tessitura costituiva un segno di distinzione sociale. Nei corredi femminili di rango comparivano anche i cosiddetti “scettri”, cioè elementi che richiamavano appunto la filatura, e coltelli utilizzati nella tessitura. Nelle tombe più tarde, le donne erano sepolte con interi set di attrezzi per la lavorazione delle carni.

A Este, le sepolture di cavalieri o guerrieri, intorno al VII secolo, erano corredate da morsi equini. La cultura veneta non ammetteva comunque la sepoltura di soggetti maschili con armi. Nel V-IV secolo, la dignità di rango di una sepoltura femminile era segnalata dalla presenza di grandi cinturoni di bronzo. Anche le tombe infantili avevano un proprio corredo, costituito da piccoli oggetti come conchiglie, piccole fibule, braccialetti. Dal VI secolo, i corredi femminili e maschili si semplificarono, anche se la moda orientalizzante non era del tutto scomparsa. Il crescente ruolo femminile, in questa fase di consolidamento sociale, era testimoniato dalla deposizione anche in corredi femminili di ascia e coltello di ferro, con significato rituale e sacrificale, e dalla presenza anche di pezzi di *aes rude*, consuetudine confermata fino al III secolo a.C.

Nella seconda età del Ferro, dal V al I secolo a.C., nell’area patavina comparvero le stele figurate che probabilmente avevano la funzione di segnalare le sepolture di personaggi di spicco nella necropoli, anche se non associate a un corredo tombale. Le stele riportano iscrizioni che vanno dal commiato al defunto alla riproduzione di viaggi agli inferi con defunto a cavallo o su carro, scene di combattimento, quasi tutte dedicate a soggetti maschili, probabilmente di elevato status sociale. Nelle dediche era ricorrente il termine “ekupetaris”, collegato probabilmente al rango di cavaliere. Cippi iscritti erano presenti anche a Este, anche in questo caso forse per identificare tombe di personaggi d’eccezione.

Risale a quest’ultimo periodo il monumento funebre di Ostiala, custodito al museo di Altino, costituito da una lastra in trachite con iscrizione in venetico che corre a spirale da destra a sinistra, in cui è riconoscibile il termine “ekvopetaris”, a indicare il monumento funebre con riferimento al rango sociale della defunta.

Aumentarono in questa fase le sepolture multiple, entro tombe “di famiglia”, il cui status era riconoscibile per la ricchezza del corredo; in quelle più ricche, comparivano la ceramica etrusco-padana e gli utensili legati al rituale del banchetto come alari, spiedi, molle da fuoco, asce, coltelli per il taglio delle carni, in ferro gli originali e in bronzo i relativi modelli degli stessi. A questi oggetti si aggiungevano recipienti legati al bere, materiali legati al consumo del vino e oggetti che richiamavano l'usanza del simposio ispirata alla cultura etrusca. In questa fase le sepolture equine, che richiamavano un rituale eroico, legato a soggetti probabilmente di alto rango, entrarono in uso anche tra i Veneti.

Intorno al IV secolo a.C. cominciò quella che è nota come fase "celtizzante", particolarmente in fascia pedemontana, innescata dall'arrivo di gruppi celtici; erano spesso guerrieri con il loro seguito, la cui presenza finì per influenzare anche lo stile di vita dei Veneti. Entrarono in circolazione monili in pasta vitrea, orecchini d'argento con terminazione a riccio, fibule in argento, anelli e armille (bracciali) a sella in argento, armille a viticci, ganci di cintura traforati, utilizzati da uomini e donne per chiudere la cintura, a differenza dei guerrieri celtici che in origine li inserivano invece nel sistema di sospensione della spada.

Nei corredi maschili comparivano spade, lance e umboni di scudi.

Da questo momento, cessò l'usanza di cospargere la terra di rogo a sigillo delle tombe, mentre aumentarono le dimensioni delle cassette di pietra, destinate a ospitare più generazioni in seguito alla riapertura successiva.

I corredi funebri erano ancora consistenti e comprendevano oggetti correlati al banchetto funebre (forchettoni, spiedi, attingitoi e colini), sia in originale sia in miniatura, oggetti insieme ad altri che richiamavano all'attività e al ruolo del defunto come ad esempio, per le donne, piccole riproduzioni di telai su lamina.

All'inizio del III secolo a.C. sembra permanere una ricca élite. A Este, nella tomba "Casa di Ricovero 23", detta anche "tomba di Nerka" un grande cassone di lastre calcaree con tetto a doppio spiovente, il ricchissimo corredo femminile è davvero sorprendente, a partire dalla situla di bronzo con nome inciso, contenente un ossario fittile.

Il corredo è un mix di oggetti atestini, ceramica greca, vernice nera di produzione volterrana e italiota, prodotti di gusto celtico ed etrusco: oltre a set completi per il focolare, per la filatura e la tessitura, un corredo in bronzo e terracotta da banchetto, anche oggetti personali come il manichetto di uno specchio di bronzo e un portagioie (supporto cui erano appesi gli orecchini) in lamina di bronzo, oltre a orecchini d'oro, un anello in lamina d'argento rivestito d'oro, un pendente d'oro e argento e anelli d'argento.

Una varietà eccezionale, probabilmente legata a un'attività familiare commerciale, ma al tempo stesso, questa tomba è anche la fotografia del mondo veneto, della dinamicità delle sue relazioni, della sua ricchezza e la sua complessità. La presenza dell'ossario fittile identifica la defunta come personalità di alto lignaggio e, in quanto donna, è implicito che le spetti, anche in morte, il compito di esibire il rango familiare con la massima esposizione di beni e ricchezza.

A questo periodo appartengono le tombe di inumati rinvenute ad Altino, probabilmente di elementi celtici integrati nella società veneta, sepolti con corredo talvolta costituito anche da spade e lance che testimoniavano l'attività svolta in vita dal defunto e la sua posizione sociale. E, parlando della necropoli di Altino, non possiamo non ricordare le sepolture equine, ben 30, rinvenute nell'area "Le Brustolade". Sepolture che rimandano a quel rapporto speciale, unico, che i Veneti avevano stabilito con il cavallo, fonte di ricchezza e oggetto di gratitudine e ammirazione, celebrato ad ogni livello e sempre presente nella vita di questo popolo.

La cremazione ritornò in uso nel III e II secolo, questa volta come effetto del processo di romanizzazione ormai in corso.

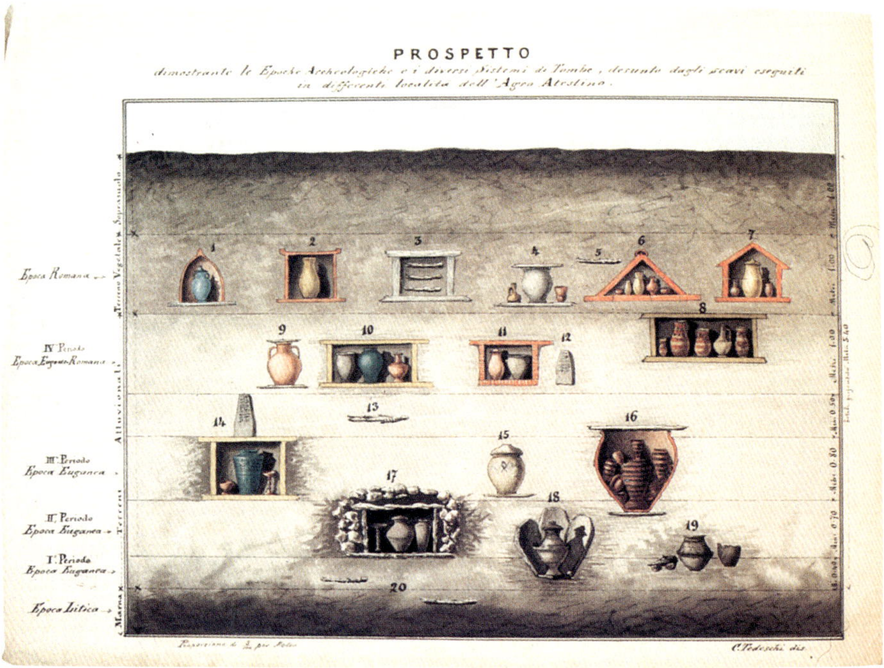

Fig. 1 - Prospetto stratigrafico degli scavi condotti da Aldo Prosdocimi nelle aree di necropoli

Fig. 2 - Tomba a cassetta

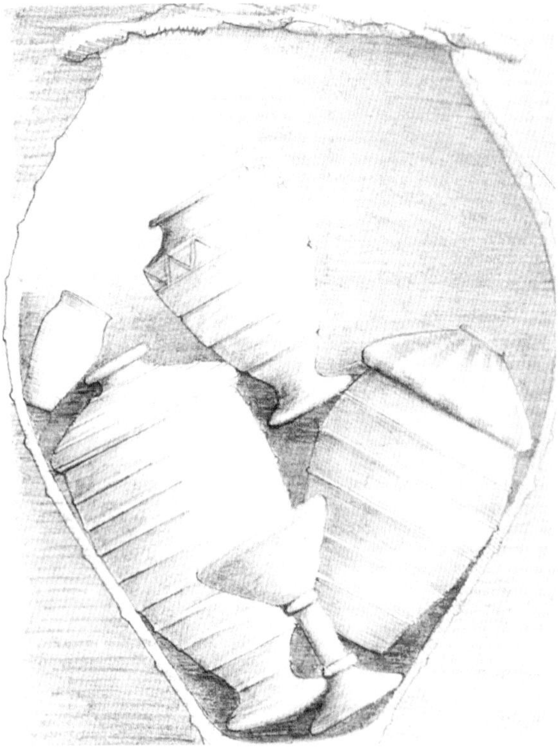

Fig. 3 - Tomba di tipo a dolio

Fig. 4 - Tomba di famiglia con vari ossuari e relativi corredi

Fig. 5 - Tombe a circolo, a Mel

Fig. 6 - Ciottoli con iscrizione funeraria da Padova

Fig. 7 - Corredo tomba S. Maria in colle (Montebelluna)

Fig. 8 - Stele di Tombacche

Fig. 9 - Scavo della cosiddetta tomba di *Nerka*

Fig. 10 - Ricostruzione della deposizione del corredo della tomba di *Nerka*. Este, Museo Nazionale Atestino

CAPITOLO VI

I PRINCIPALI CENTRI VENETI

Frattesina

Frattesina di Fratta Polesine non era un centro veneto in senso proprio, però è stata la "madre" di tutte le città venete cresciute nell'età del Ferro; la matrice, per molti aspetti, della società dei Veneti. Centro emporico, fulcro di un flusso di beni che, fino al IX secolo a.C., svolse un ruolo chiave nella circolazione di beni tra Mediterraneo ed Europa Centrale, e nella redistribuzione di merci e cultura verso i centri padani e del Nord-Est. Centro artigianale molto evoluto, in qualche modo diede l'imprinting al peculiare modus vivendi dei Veneti antichi. Pur non avendo mai maturato una dimensione urbana in senso proprio, quello di Frattesina era particolarmente dinamico (Vasetto zoomorfo (probabilmente su ruote), Frattesina fu il primo centro di produzione del vetro a livello europeo e un grande centro di lavorazione dell'ambra. Frattesina importava dalle Alpi orientali e dal Nord Europa minerali, metalli grezzi e ambra, dalla Toscana oggetti in metallo, dall'Egeo e dal Mediterraneo Orientale avorio, paste vitree, uova di struzzo, ceramica fine. Qui si lavoravano metalli – principalmente bronzo – ma anche oro e piombo, l'argilla per la produzione di vasellame, il vetro, l'osso animale e il corno di cervo. Tutto materiale che finiva nei laboratori artigiani della città per essere trasformato in oggetti di lusso destinati al mercato locale e in grado di superare le Alpi. Sono centinaia le perle rinvenute nell'abitato di Frattesina, e altrettanti i frammenti di crogioli in terracotta per la fusione dei metalli, gli scarti di lavorazione e i blocchetti di vetro colorato. Gli artigiani locali acquisivano ed erano in grado di lavorare anche materiali come rame e stagno (per la produzione di bronzo), ferro e oro, osso-corno, avorio. Rivestiva un ruolo importante anche il commercio di semilavorati (pani metallici, per esempio) e di prodotti finiti come spilloni, fibule, perle di pasta di vetro, pettini in corno e avorio, che erano immessi sui mercati dell'area protovillanoviane del Veneto e del Friuli e raggiungevano anche l'Europa transalpina.

Frattesina era in contatto con i centri Micenei della Grecia via fiume e attraverso Adriatico, Ionio e Tirreno; in cambio di oggetti di bronzo e perle d'ambra e lo stagno in arrivo dal centro e dal Nord Europa, Frattesina importava prodotti alimentari e sostanze pregiate spesso contenuti in piccoli vasi di ceramica e dipinti. Attraverso questo vivacissimo circuito, i mercanti di Frattesina entrarono in contatto con mercanti di Cipro, Creta e Grecia, le cui navi raggiungevano le coste dell'alto Adriatico portando avorio, gusci di uova di struzzo dalle coste nordafricane, ceramica egea, ceramiche cipriote, micenee e attiche con figure nere e rosse. I loro tragitti commerciali toccavavano anche luoghi della laguna che dovevano essere abitati già in quell'epoca, come Torcello e Mazzorbo.

Una popolazione di qualche centinaio di abitanti era sicuramente un dato eccezionale nel panorama dell'epoca: tra le abitazioni, fittamente e uniformemente distribuite, erano presenti laboratori artigianali, mentre all'esterno dell'abitato erano dislocate le aree destinate alla sepoltura, con prevalenza della pratica della cremazione. Probabilmente Frattesina disponeva di una organizzazione istituzionale, come testimoniano come testimoniano l'organizzazione dell'abitato e la presenza di due spade di bronzo nelle tombe di due defunti di sesso maschile, fatto eccezionale in un'epoca in cui le sepolture con armi erano bandite; loro presenza, dunque, segnalava l'alto rango dei defunti e il loro probabile ruolo di governo.

Quando, nell'età del Ferro, il Po di Adria divenne un ramo secondario, in concomitanza con un periodo di sconvolgimenti climatici, anche Frattesina andò incontro alla decadenza.

Altino

Costituitosi nell'VIII secolo, al margine della laguna allo sbocco della di un sistema Sile-Piave all'epoca maggiormente integrato rispetto ad oggi, Altino si affermò come un naturale scalo commerciale sulle rotte che attraversavano l'alto Adriatico, in modo particolare dai centri etruschi di Adria e Spina verso il Caput Adriae, cioè il

Friuli, dapprima come semplice "motore" per la circolazione di mode e tendenze, con imitazioni di prodotti di area halstattiana e slovena, poi con importazioni vere e proprie e redistribuzione di materiale greco ed etrusco.

Altino era il più "acquatico" tra tutti i centri veneti, circondato da un reticolo di fiumi e canali e delimitato dal Sile-Piave a nord e dai fiumi Zero-Dese e canale S. Maria a sud. La vocazione marittima alimentava il ruolo commerciale di Altino, il cui carattere emporico è attestato dalla presenza di due santuari a nord-ovest e a sud-est dell'abitato, come "porte" aperte ad accogliere il mondo che qui arrivava a concludere affari, a vendere e acquistare, oltre che per scopi devozionali, e che da qui trovava strade che conducevano ad altri mercati, fino aldilà delle Alpi. Ampia la rete di contatti commerciali con l'area greca, la Magna Grecia, l'area etrusco-umbra e quella celtica. Altino rappresentava uno sbocco al mare per Padova, ma anche per il territorio compreso tra Brenta a Piave, in collegamento con Montebelluna, e probabilmente anche la stessa Treviso non era estranea ai traffici che vi facevano capo. È probabile che i mercanti che vendevano le proprie merci in questi territori, vi acquistassero i famosi corsieri la cui fama era giunta sino in Grecia e a Siracusa, e il sale, oltre all'ambra baltica e forse anche sede di un mercato di schiavi.

L'economia altinate si basava sull'agricoltura e l'allevamento, in particolare di suini, bovini e ovicaprini, mentre la vicinanza della laguna consentiva la pesca e la raccolta dei molluschi (le cozze altinati saranno particolarmente apprezzate nel mondo romano), oltre che di ostriche. Vi si lavoravano l'osso-corno, la ceramica e i metalli. Molte le affinità con il mondo veneto circostante, dalla tipologia abitativa, alla produzione ceramica che seguiva il medesimo sviluppo in tutto il mondo veneto, fino all'assimilazione del rituale del simposio, attestato dai corredi tombali, agli oggetti e agli ornamenti, alla circolazione delle situle, alle modalità di deposizione dei defunti, incinerazione e sepolture plurime "familiari" comprese. La presenza del primo luogo di culto, a nord, individuato dai frammenti di un altare con iscrizione venetica di dedica a "Belatucadro", probabilmente un personaggio legato al culto di Bel, divinità celtica, è indice di una spiccata influenza celtica, così come le tombe di guerrieri nella necropoli "Le Brustolade", che presenta elementi celtici già dal IV-III secolo a.C. È possibile che ad Altino fossero presenti alcuni soggetti di origine celtica, naturalizzati qui. In questa necropoli si trovano le trenta sepolture equine che confermano l'importanza del cavallo nell'economia e nella cultura altinate, così come in quella veneta più in generale, ma rimandano anche a rituali eroici correlati alla sepoltura di personaggi di spicco.

Altino era un centro commerciale di punta, uno degli snodi nell'effervescente circuito di idee, tendenze e mode che ebbe un picco proprio nella seconda età del Ferro, parallelamente ai maggiori centri veneti. La più incisiva presenza celtica tra IV e I secolo a.C. era accompagnata, ad esempio, dalla circolazione di fibule del tipo La Tène, che sostituirono quelle del tipo a Certosa, più comuni nel secolo precedente. Poi, lentamente, mentre si stemperava la presenza celtica, si affermò più nitidamente quella romana, che seppe cogliere e valorizzare le potenzialità di Altino come porto commerciale.

Este

Insieme a Padova, Este era una delle capitali del Veneto antico. È qui che si sviluppò, sin dal VII secolo a.C., l'arte delle situle, nelle sue forme più alte: capolavoro indiscusso è la situla Benvenuti che ci descrive una società articolata, con una classe aristocratica che già conosce il consumo del vino, la passione per i giochi sportivi, la caccia, possiede terra che fa lavorare da schiavi ed ha già fatto del cavallo il suo segno distintivo. È qui che troviamo uno dei più interessanti reperti di scrittura in venetico, la famosa "Tavola di Este": una lamina di bronzo iscritta, risalente al IV secolo a.C. Este era anche il centro che contava il maggior numero di santuari, una cintura periurbana costituita da cinque luoghi di culto posti a protezione dell'abitato e dei terreni coltivati circostanti e più esterni, ma anche probabili punti di controllo delle vie di accesso alla città. Il più importante era quello dedicato a Reitia, risalente alla fine del VII secolo a.C., noto anche come un importante centro scrittorio. Anche Este era, come altri centri veneti, una sorta di città-isola, delimitata a Sud-ovest dall'Adige e sugli altri tre lati da rami secondari del fiume, ancora attivi. A Nord e a Sud rispetto all'abitato, si trovavano invece le aree occupate da due grandi fasce di necropoli, in cui era molto frequente l'uso di tombe a cassetta con doppio ossuario, spesso uno maschile e uno femminile, destinate a ricomporre l'unità della famiglia, confermandone il valore condiviso in tutta l'area venetica.

Come ad Altino, anche a Este, sono trenta le sepolture equine rinvenute in un settore specifico della necropoli meridionale. Quest'ultima era probabilmente delimitata da una stele anepigrafe, mentre quella settentrionale doveva essere delimitata da grandi cippi disposti verso sud. Le strade stesse della città si collegavano alle necropoli, anch'esse segnate da strade dotate di massicciate in scaglia calcarea, di cui una rinvenuta recentemente, era larga sette metri. La città era attraversata da una rete di canalizzazioni di cui resta evidenza nella presenza di un canale meridionale collegato a un secondo canale settentrionale attraverso una serie di canali minori. Il dinamismo commerciale della città è testimoniato dal ritrovamento di un molo fluviale, probabilmente risalente al VI secolo a.C., affiancato da una massicciata, al quale dovevano aggiungersi almeno altri due punti di approdo, segno che Este aveva saputo dotarsi di una rete di collegamenti fluviali molto efficienti, con tanto di "terminal" serviti da collegamenti stradali. Tra V e IV secolo, nelle abitazioni il perimetro e probabilmente parte dell'elevato erano ormai realizzati in lastre calcaree e blocchi di pietra.

Treviso

Anche Treviso è definita "città-isola", delimitata com'era da vari rami del Botteniga, prima che questo corso confluisse nel Sile.

Sorto nel IX secolo a.C., il centro era suddiviso in due settori con abitazioni disposte a scacchiera. Le abitazioni erano, come in tutto il Veneto, a pianta rettangolare e spesso dotate di pareti divisorie tra almeno due vani con pareti in graticcio intonacato con argilla e copertura costituita da un'intelaiatura lignea, riscaldate da bracieri che servivano anche per la cottura. Qui è stata rinvenuta un'asse di legno di quercia di dimensioni eccezionali e ottimamente conservata, in corrispondenza della pavimentazione di una casa con porticato esterno risalente al IX secolo a.C.; l'asse doveva servire per isolare dall'umidità un grande focolare rettangolare o come supporto per il focolare stesso. Particolarmente fiorente durante la prima età del ferro, dopo un periodo in cui i centri di punta dell'area orientale erano Oderzo e Altino, l'insediamento riacquistò un ruolo di rilievo dalla fine del V secolo a.C., diventando uno snodo di collegamento tra Padova e il Veneto orientale.

Anche a Treviso, luogo di culto doveva essere, prima ancora del santuario, la casa stessa, come dimostrano figurine fittili zoomorfe e vasi in miniatura conservate nelle abitazioni.

Era attiva anche qui un'area adibita a produzione ceramica risalente al X-IX secolo a.C., identificata dalla presenza di un importante accumulo di vasellame scartato per difetti di cottura, contenitori, piattaforme di lavorazione della ceramica e un massello d'impasto ceramico combusto. Restano tracce anche della lavorazione del bronzo, dal Bronzo finale e per tutta l'età del ferro, ed è probabile che in loco fossero presenti artigiani specializzati.

La storia di Treviso ricalca quella del Veneto nelle sue linee più generali, e, infatti, è datato tra V e IV secolo a.C. un frammento di ceramica attica, che dimostra l'inserimento di Treviso in circuiti di scambi ad ampio raggio e l'acquisizione di pratiche e oggetti esotici come status symbol. Anche qui, come nel resto del Veneto, nel IV e III secolo a.C. si fece sentire l'influsso del mondo greco-italico attraverso i centri dell'Etruria e della costa adriatica, e si innestarono usi e costumi di elementi celtici stanziatisi in quest'area a piccoli gruppi e pian piano inglobati nel territorio.

A ridosso della romanizzazione, passava da qui anche il commercio di anfore da vino provenienti dalla Sicilia e smistati attraverso Adria e Spina.

All'inizio del I secolo a.C. le aree paludose della città furono sottoposte a una vasta bonifica, e fu forse in questo periodo che Tarvisium ottenne da Roma lo status di Municipium.

Padova

Posta tra le anse del fiume Brenta, Padova si "formò" all'urbanizzazione attraverso un costante lavorio di regimentazione delle acque che la circondavano, sin dall'VIII secolo, in un impegno collettivo di protezione dall'impaludamento. Era una città "ricca" dove i cittadini che potevano fregiarsi del titolo di "ekupetaris" (i cavalieri) erano più numerosi che in altri centri coevi; il termine compare in quattordici iscrizioni su supporti di vario tipo: stele, ciottoloni, oggetti in bronzo.

Anche qui erano presenti strutture produttive per impasti fittili e per la lavorazione dei metalli, con relative infrastrutture di servizio (canalette, ecc.); uno dei siti di produzione metallurgica era costituito da un grande focolare circondato da forge, e di cui sono stati ritrovati alcuni attrezzi da lavoro.

Risale al VII secolo a.C. la più antica strada patavina. Si tratta di un breve tratto costituito da assicelle di legno accostate adagiate su fondo sabbioso e delimitate da due fossi paralleli probabilmente con funzione di scoline. Larga circa quattro metri, probabilmente era una strada secondaria, il cui asse è rimasto immutato fino all'epoca romana, anche se più volte ripristinata nel corso dei secoli, attraverso nuove stesure di fondo costituito da cocci di vario genere e scaglie calcaree, per evitare formarsi di fango. Risalgono all'VIII-VII secolo a.C. invece due fossati di drenaggi paralleli, forse destinati anche a delimitare isolati urbani. La struttura urbana a maglia ortogonale denota una pianificazione dell'insediamento e quindi, come in altri casi, una presenza pubblica in grado di gestire e coordinare lo sviluppo dell'abitato. Durante il VII secolo, la città si sviluppò soprattutto a sud-est e il suo territorio raggiunse un'estensione di circa centoventi ettari.

Nel V secolo la città attraversò un'ulteriore evoluzione: i quartieri artigianali furono riorganizzati e dotati di una struttura a maglie regolari. I collegamenti con il territorio erano assicurati da due importanti approdi fluviali collegati con i fiumi interni e con la gronda lagunare.

Gli scavi archeologici ci hanno restituito un dettaglio curioso, di grande interesse: il pavimento di un'abitazione di circa sessanta metri quadrati, ristrutturata in varie fasi dal V secolo fino all'età romana, ha conservato fino ad oggi le impronte dei piedi nudi di un bambino di sei o sette anni, rimaste impresse sull'argilla stesa in vari strati, plasmata a mano e cotta sul posto.

Padova è la città dei cippi e dei "ciottoloni" iscritti che riportano dediche a personaggi probabilmente di rango, oggetti simili appunto a grandi sassi tondeggianti, rinvenuti in ambito urbano, nelle campagne e a volte anche in aree di necropoli, che si ipotizza fossero cenotafi, non essendo evidente un'associazione diretta con un'area tombale. I cippi parallelepipedi iscritti, invece, riportano indicazioni di valore confinario ed erano collocati pubblicamente, dalla comunità.

Oderzo

Di Oderzo preromana si hanno riscontri sin dal IX secolo. Posta su un dosso, l'abitato era racchiuso da un sistema di corsi d'acqua: a Nord-Est un'ansa del Monticano e a sud-ovest un paleoalveo del Lia, affluente del Piave, secondo il consolidato modello venetico. Il centro era caratterizzato da un precoce sviluppo protourbano, in anticipo anche rispetto a Este e Padova, che pure sono considerate le capitali del Veneto preromano. Oderzo si affermò come crocevia di traffici tra la costa e l'interno, svolgendo un importante ruolo di cerniera negli scambi tra il Veneto centrale e il Friuli.

Sin dall'inizio la disposizione urbana si era sviluppata con un impianto regolare e ordinato, organizzato in isolati, e si caratterizzava già nell'VIII secolo a.C. per la presenza di almeno due strade ortogonali tra loro; la prima, larga otto metri e rinforzata da un fondo di ghiaia, rappresenta forse il primo esemplare di strada urbana. Le strade intercettavano un settore dell'abitato inizialmente occupato da case-laboratorio, che divenne un vero quartiere artigianale pienamente attivo tra VIII e VII secolo a.C.

Questa "zona industriale" ante litteram era dotata di canalizzazioni, strutture e infrastrutture a servizio di unità artigianali per la produzione di impasti edilizi, manufatti ceramici e lavorazioni dei metalli. Dal IV secolo, queste strutture ospitarono cicli produttivi completi di produzione di materiali edilizi, cui si affiancavano la macinatura e stoccaggio di ossidi di calcio e magnesio, con probabile funzione di fondenti. L'elevato livello della produzione fittile opitergina è testimoniato da una coppia di terrecotte zoomorfe, piuttosto insolite in ambito veneto, forse elementi di un arredo di prestigio o utilizzati con funzione decorativa. Non mancavano siti per la lavorazione del bronzo e officine per la forgiatura del ferro. Oderzo non era solo un sito produttivo, ma anche un centro di commercio, snodo di esportazioni e importazioni tra Nord e Sud e tra Est e Ovest, un flusso, quest'ultimo, che i romani confermarono facendovi passare la via Postumia. La vocazione commerciale di Oderzo è dichiarata dalla stessa radice –terg che significa, appunto, "mercato" ed è riconoscibile anche nel toponimo latino "Opitergium".

Rappresenta bene l'evoluzione dell'abitato nel III secolo a.C., invece, la casa di via delle Grazie: una costruzione articolata, disposta lungo un asse Nord-Sud, costituita da più vani dotati di tettoia, disposti attorno ad un cortile centrale attrezzato con cisterna e pozzo.

Il rinvenimento di cippi confinari sembra suffragare l'ipotesi della presenza di autorità in grado di gestire un'organizzazione ormai di tipo urbano: in particolare, quello che riporta l'iscrizione "Xe-te" (abbreviazione di –teut = comunità). Un ciottolo ovoidale di granito lavorato, di probabile destinazione funeraria, porta iscritto forse un nome e una formula onomastica di origine celtica (padros pompeteguaios).

Concordia

Anche Concordia, come Oderzo, sorgeva su un dosso fluviale, ed era collegata al mare dai fiumi Lemene e Reghena. Dell'abitato, posto ai margini di un'antica laguna, si ha traccia sin dal XIII-XII secolo a.C., ma il suo sviluppo appariva già di tipo protourbano tra X e VIII secolo a.C., quando era già diventata uno scalo commerciale e aveva raccolto l'eredità di centri costieri come S.Gaetano di Caorle, abbandonati alla fine dell'età del Bronzo. Nel periodo di massima espansione, la città raggiunse un'estensione di circa 70-80 ettari. Gli abitanti di Concordia erano gente abituata a convivere con l'acqua, capaci di "tenerla a bada" e di mettere in atto strutture di protezione adeguate realizzando efficaci interventi di bonifica e arginatura. Nelle zone più basse, l'abitato era dotato di opere di bonifica, costituite soprattutto da strutture lignee. Anche qui, come del resto in tutto il Veneto, le abitazioni erano a pianta rettangolare, con pareti tamponate da graticci di canne e paletti intonacati con argilla cruda e tetto in paglia, ed erano dotate di canali di scolo per il drenaggio dell'acqua. Le attività legate alla quotidianità sono testimoniate da fornelli in ceramica, una base di alare del tipo utilizzato per poggiarvi le stoviglie per la cottura dei cibi, ma anche scodelle, tazze, coppe su piede, dolii, ollette. Non mancano testimonianze di attività tipicamente domestiche e femminili come la filatura e della tessitura. Concordia era un centro di produzione artigianale: tra X e VII secolo a.C. erano attive due officine da vasaio; della seconda, la più recente, restano un'area di scarico e tracce di fornaci associate a scarti di fabbrica, ma anche tipici attrezzi da officina.

Dal V secolo, Concordia si distinse nella produzione di impasti depurati con inclusioni vegetali, destinati alla produzione di piccoli mattoni parallelepipedi, lastre di rivestimento architettonico. La lavorazione dell'osso-corno era integrata a quella del metallo in quanto utilizzato per la lavorazione di manici e supporti per attrezzi di metallo. Come Oderzo e Padova, anche Concordia era forse coinvolta nel "corridoio" commerciale che faceva capo ad Altino, dove approdavano le ceramiche attiche ma anche quelle daunie, provenienti dalle coste adriatiche dell'Italia meridionale, di cui c'è traccia in tutti i tre centri. Un centro emporico, anche questo, aperto ad apporti esterni, in cui convivevano elementi italici e celtico-veneti.

Vicenza

Posto su un dosso segnato da Retrone e Bacchiglione, l'abitato di Vicenza data intorno al IX secolo a.C. È di Isola Vicentina la stele iscritta in cui si legge per la prima volta il nome con cui i Veneti definiscono se stessi, Venetkens, mentre la stele "di via Guiccioli", una lastra di pietra iscritta, riporta una dedica agli "dei termini" (dei confini), che rappresenta una tra le più lunghe e importanti iscrizioni venetiche e conferma la sacralità del concetto di confine nel mondo veneto.

Posta al confine con il mondo retico, Vicenza si distingueva per la presenza di un santuario urbano, in uso dalla fine del V secolo a.C. alla fine del I secolo a.C. di cui ci restano ben 200 votivi in bronzo: lamine decorate, dischi collegati in serie, anelli, borchie, ecc. e persino una tavoletta alfabetica. Le lamine figurate, circa un centinaio, realizzate a stampo o a sbalzo e incisione, con fori che ne consentivano l'affissione, rappresentano soggetti femminili e maschili, singoli o in gruppi, ma anche parti anatomiche. Le lamine si distinguono in due categorie: quelle a stampo, realizzate in serie per i devoti comuni, e quelle a cesello, realizzate, di volta in volta, per devoti "distinti" all'interno della comunità.

Posto al centro dell'abitato, il santuario aveva funzioni legate alla vita istituzionale della città: cerimonie di iniziazione, alla vita militare per i giovani maschi, e al matrimonio per le ragazze, come testimoniano alcune tra le laminette votive ritrovate in questo sito, che mostrano sequenze di uomini armati e/o donne con gonne a pieghe e ampio scialle sul capo. Questo sito ha restituito anche un frammento di lamina scrittoria, che fa pensare vi si svolgesse anche un'attività scrittoria. Tra le lamine, oltre a quelle tipiche dei santuari, che riportano riproduzioni di arti umani, ve ne sono alcune che riproducono pugili con manubri, dai quali si può dedurre l'usanza delle gare atletiche in occasione, probabilmente, di festività pubbliche o ricorrenze speciali.

È di particolare interesse la sequenza cronologica della storia urbana fornita proprio dalle laminette, in particolare quelle che riproducono figure di guerrieri: dall'elmo a calotta con cimiero e scudo rotondo in uso in Veneto dal VII fino al IV secolo, corrispondente probabilmente alla fase più antica di frequentazione del santuario, si passa all'armamento di tipo celtico costituito da un grande scudo ovale con umbone e spina e spada, tipicamente presente dal III secolo, quando i Cenomani invadono il veronese e il loro influsso arriva fino a qui, fino all'armamento di tipo romano, nel II-I secolo a.C., con scudi mutuati dal tipo gallico, ma perlopiù privi di spina.

Montebelluna

La particolare posizione di Montebelluna, allo sbocco del Piave in pianura, ne faceva probabilmente un importante centro cerniera tra l'area alpina e la pianura nell'età del Ferro, al punto che alcuni studiosi lo definiscono il "terzo capoluogo" veneto, dopo Este e Padova. Un centro che probabilmente era in grado di controllare anche altri abitati dell'area pedemontana. I suoi contatti ad ampio raggio, probabilmente associati a una vocazione commerciale e alla nascita di un ceto mercantile, sono attestati dalla ricchezza dei corredi di sepoltura nelle tombe più importanti scoperte nella necropoli di Posmon, in particolare tra VI e V secolo a.C., caratterizzati dalla presenza di materiali di altissimo pregio e dalla presenza simultanea di molteplici elementi culturali di diversa provenienza. Montebelluna era inserita nel circuito di diffusione dell'arte delle situle: la necropoli di Posmon ci ha restituito manufatti di grande interesse, tra cui, nella "tomba 42", la più ricca tra quelle "edite" a Montebelluna, conocchie, un astuccio in bronzo, ami in ferro, recipienti in ceramica allusivi al banchetto che doveva accompagnare le fasi conclusive della cerimonia di sepoltura e, infine, un'importante situla in bronzo riccamente figurata contenente ceneri di un soggetto di sesso maschile, ma corredo femminile; un aspetto, quest'ultimo, che suggerisce l'ipotesi possa trattarsi di un'offerta da parte di una donna. La superficie della situla mostra una parata di carri e cavalieri, una gara di pugilato con trofeo, una scena di libagione con numerose figure femminili e maschili, una scena di amplesso rituale alla presenza di una figura maschile che effettua libagioni, donne in atto di filare. Infine, scene di caccia al cervo e di aratura. Vi compaiono anche pugili con manubri, donne in atto di filare, scene di caccia al cervo. A Santa Maria in Colle, una tomba delimitata da grosse pietre, in particolare, conteneva un ossuario in bronzo, punte di lancia spezzate, a indicare la sepoltura di un personaggio di rango, di sesso maschile, come confermato anche dalla presenza di asce, e un prezioso astuccio in lamina di bronzo. Nel VI secolo, fase di consolidamento un po' per tutti i principali centri veneti, anche l'abitato di Montebelluna raggiunse la massima espansione. Anche qui, sin dal IX secolo a.C. era attiva un'area artigianale per la lavorazione ceramica e di un'altra dello stesso tipo, più a valle, si hanno riscontri per il periodo tra VI e IV secolo a.C.

Per quanto riguarda le necropoli, sono due i siti sin qui rinvenuti, entrambi in uso sin dalla prima età del Ferro. Le tombe erano in terra, in cassetta di legno o di pietra e il rito della cremazione era esclusivo, a differenza di quanto poteva accadere a Este, Padova e Altino, dov'erano presenti anche inumazioni.

Montebelluna condivise l'evoluzione degli altri centri veneti fino alla fase finale dell'età del Ferro, quando nei corredi tombali compaiono progressivamente elementi celtici evidenti nei corredi personali (ganci di cintura traforati, orecchini e fibule) e negli armamenti (spade, giavellotti, punte e talloni di lancia, coltellacci da caccia).

Infine, se fino ad oggi mancano evidenze strutturali della presenza di un luogo dedicato al culto, alcuni ritrovamenti sembrano invece suggerirla: si tratta dei bronzetti votivi ritrovati in area di necropoli che, insieme ai dischi votivi figurati in bronzo (dischi detti "di Montebelluna"), richiamano appunto le attività del culto.

Fig. 1 - Vasetto zoomorfo (probabilmente su ruote), Frattesina

Fig. 2 - Pettine in osso con decorazione incisa ad occhi di dado, Frattesina

Fig. 3 - Sepolture equine, Altino

Fig. 4 - Ipotesi ricostruttiva dell'auguraculum presso il santuario di Este-Meggiaro

Fig. 5 - Situla ad ansa mobile del VI-V secolo a.C., Treviso

Fig. 6 - Bronzetti votivi: a destra, guerriero “in nudità eroica”, Treviso

Fig. 7 - Bronzetto di devoto
con brocca e patera, Padova

Fig. 8 - Ipotesi ricostruttiva della casa di Via delle Grazie a Oderzo

Fig. 9 - Scavi di via Fornasatta a Concordia: strutture a fuoco per la lavorazione ceramica, con relativi vespai

Fig. 10 - Lamina con donne, Vicenza

Fig. 11 - Pendaglio zoomorfo, Montebelluna

I principali musei dei Veneti antichi

Museo archeologico nazionale di Altino
Via S. Eliodoro, 37,
30020 Quarto d'Altino (VE)
Tel. 0422 829008
E-mail: sar-ven.museoaltino@beniculturali.it

Museo Nazionale Atestino
Via Guido Negri, 9/c
35042 Este (PD)
Tel. 0429 2085
E-mail: sba-ven.museoeste@beniculturali.it

Museo di Storia naturale e Archeologia di Montebelluna
Via Piave, 51
31044 Montebelluna (TV)
Tel. 0423-300465
Email: info@museomontebelluna.it

Museo civico archeologico Eno Bellis
Via G. Garibaldi, 80
31046 Oderzo (TV)
Tel. 0422 718013
E-Mail: fondazione@oderzocultura.it

Museo Nazionale Concordiese
Via Seminario, 22
30023 Concordia Sagittaria (VE)
Tel. 0421. 72674
E-mail: museoarchportogruaro@libero.it

Museo di Santa Caterina
Piazzetta M. Botter, 1
31100 Treviso
Tel. 0422 658442
E-mail: info@museicivicitreviso.it

Museo Naturalistico Archeologico di Vicenza
C.a' S. Corona, 4
36100 Vicenza
Tel. 0444 320440
E-mail: museonatarcheo@comune.vicenza.it

Museo Archeologico Nazionale di Adria
Via Badini, n. 59
45011 Adria (RO)
Tel. 0426-21612
E-mail: sba-ven.museoadria@beniculturali.it

Museo Archeologico Cadorino
Piazza Tiziano, 2
32044 Pieve di Cadore (BL)
Tel. +39 0435 32262
E-mail: info@magnificacomunitadicadore.it
http://www.magnificacomunitadicadore.it/

Bibliografia

- *I Paleoveneti: catalogo della mostra sulla civiltà Veneti antichi,* Anna Maria Chieco Bianchi, Michele Tombolani, Veneto (Italy). Giunta regionale. Dipartimento per l'informazione. Ed. Programma, 1988.
- *Le grandi vie della civiltà: relazioni e scambi tra Mediterraneo e il centro Europa dalla preistoria alla romanità*, catalogo a cura di Franco Marzatico, Rupert Gebhard, Paul Gleirscher (TV).
- *La protostoria tra Sile e Tagliamento. Antiche genti tra Veneto e Friuli.* Mostra archeologica, Esedra Editrice, Concordia Sagittaria, 1996.
- *La città invisibile,* M. De Min, M. Gamba, G. Gambacurta, A. Ruta Serafini, Ed. Tipoarte, Bologna, 2005.
- *Este Antica, dalla preistoria all'età romana*, a cura di G. Tosi, Zielo Ed., Este, 1992.
- *Le lamine figurate del santuario di Reitia a Este*, L. Capuis, A.M. Chieco Bianchi, Mainz : Verlag Philipp von Zabern, 2010.
- *Il Piave*, a cura di Aldino Bondesan, Giovanni Caniato, Francesco Vallerani e Michele Zanetti, Cierre Edizioni, 2000.
- *I Veneti antichi, novità e aggiornamenti, Atti del convegno Isola della Scala,* Cierre Edizioni 2008.
- *Orizzonti del sacro: culti e santuari in Altino e nel Veneto orientale: Venezia, 1- 2 dicembre 1999,* G. Cresci Marrone, M. Tirelli, Ed. Quasar, Roma, 2001.
- *Produzioni, merci e commerci in Altino preromana e romana*, Atti del convegno, a cura di Giovannella Cresci Marrone e Margherita Tirelli, Venezia 12-14 Dicembre 2001, Edizioni Quasar, Roma, 2003.
- *Altino, il santuario altinate. Atti del convegno*, G. Cresci Marrone, M. Tirelli, Edizioni Quasar, Roma, 2009.
- *Carta geomorfologica e archeologica del comune di Montebelluna. Il progetto Archeogeo*, E.B.Citton, M.S. Busana, M. De Min, E. Gilli, A. Larese, R. Pedron, A. Schiavo.
- *I Celti e l'Italia del Nord – Prima e seconda età del ferro.* Atti del convegno di Verona 2012, Ed. 2014 (Pd, biblioteca Università Tito Livio).

– *Este preromana: una città e i suoi santuari*, Ed. Canova 2002.
– *I Veneti antichi: lingua e cultura*, G. Fogolani, A. Prosdocimi, M. Gamba, A. Marinetti, Editoriale Programma, Padova, 1988.
– *Le grandi vie della civiltà: relazioni e scambi tra Mediterraneo e il centro Europa dalla preistoria alla romanità*, catalogo a cura di Franco Marzatico, Rupert Gebhard, Paul Gleirscher.
– *I Veneti: società e cultura di un popolo dell'Italia preromana*, Loredana Capuis, Longanesi, 1993.
– *I Veneti dal bei cavalli,* Luigi Malnati, Mariolina Gamba, Ed. Canova, 2003.
– *Venetkens*, M. Gamba, G. Gambacurta, Angela Ruta Serafini, V. Tiné, F, Veronese, Marsilio Editori, Padova, 2013.
– *Il santuario preromano e romano di Piazzetta S. Giacomo a Vicenza: le lamine figurate*, Luca Zaghetto, – Museo Naturalistico Archeologico di Vicenza, Vicenza, 2003.
– *Il paesaggio suburbano di Iulia Concordia*, Matteo Annibaletto, Grafiche Turato Edizioni, Rubano, 2010.
– *Concordia Sagittaria: Quartiere Nord Ovest. Relazione preliminare della campagna di scavi 1993,* Elena di Filippo Balestrazzi, A. Vigoni, C. Sainati, R. Salerno, *in "Quaderni di Archeologia del Veneto – X 1994".*
– *Concordia Sagittaria in età preromana: lo stato della ricerca*, E. B. Citton, in "Concordia e la X Regio. Atti del convegno", Portogruaro, 22-23 ottobre 1994, Zielo Editore /Libraria padovana editrice.
– *Concordia Sagittaria, tremila anni di storia*, (a cura di P. Croce da Villa e E. Di Filippo Balestrazzi).
– *Alle origini di Treviso. Dal villaggio all'abitato dei Veneti antichi*, a cura di Elodia Bianchin Citton, Comune di Treviso – Musei civici, Grafiche Crivellari (Ponzano), 2004.
– *L'aspetto Veneto Orientale. Materiali della seconda età del Ferro tra Sile e Tagliamento*, tesi di specializzazione di Giovanna Gambacurta, in Collana "L'album", fondazione Antonio Colluto, Dicembre 2007.
– *I celti del Veneto nella documentazione epigrafica locale,* A. Marinetti, P. Solinas, *in Les Celtes set le Nord de l'Italia (Premier et Second Age du fer), Actes du XXXVI colloque International de l'A.F.E.A.F.* (Vérone, 17-20 Mai 2012).
– *I Veneti: i riti funerari e le necropoli*, M. De Vecchi, Comune di Oderzo (Strumenti didattici del Museo archeologico di Oderzo-Serie rossa), 2006.
– *I Veneti: gli abitati e la vita quotidiana,* Alessandra Iannacci, Comune

di Oderzo (Strumenti didattici del Museo archeologico di Oderzo-Serie rossa), 2006.
- *Necropoli "a tumuli" e "ad accumuli stratificati" nella preistoria e protostoria del Veneto,* Leonardi G., Cupitò M., 2011 in, *Tumuli e sepolture monumentali nella protostoria europea,* Atti del convegno internazionale, Celano, 21-24 settembre 2000, a cura di Naso M., Verlag des Römish-Germanischen Zentralmuseums, Mainz, pp. 13-49.
- *Terminavit sepulcrum. I recinti funerari nelle necropoli di Altino. Atti del convegno*, Venezia 3-4 dicembre 2003, Altinum – Studi di archeologia, epigrafia e storia - Edizioni Quasar.

Ringraziamenti

Desidero innanzitutto ringraziare la dottoressa Giovanna Gambacurta, direttrice dei musei di Este e Adria: la ringrazio per aver dedicato il suo tempo personale per aiuitarmi a puntualizzare alcuni passaggi importanti sulla civiltà dei Veneti antichi e per avermi fornito preziose informazioni su aspetti che sono squisitamente "da addetti ai lavori".

Ringrazio la dottoressa Emanuela Gilli, direttrice del Museo di Montebelluna, per avermi accompagnato alla scoperta del delizioso sito museale che dirige e per avermi fornito documentazione importante per la stesura del libro.

Grazie alla dottoressa Anna Maria Larese, direttrice del museo di Concordia, per aver messo a mia disposizione la documentazione disponibile su Concordia Sagittaria preromana, e il personale del museo per la sua accoglienza.

Grazie al direttore dei Musei della magnifica comunità del Cadore, Matteo da Beppo, per avermi fornito materiale utile sul santuario di Lagole.

Grazie a Neviana Zanini per il suo aiuto.

Grazie allo storico, dottor Simone Magagnin, per la sua lettura critica della primissima stesura del libro.

Grazie a tutti coloro che, in modi e misure diverse, in questi mesi mi hanno sostenuto e incoraggiato.

ERRATA CORRIGE

A pagina 126, il nome dello storico indicato erroneamente come Simone Magagnin, è il dott. Simone Menegaldo. L'autrice si scusa con lui per l'errore.

A pagina 17, alla riga 13, leggere: "Treviso, Concordia, Vicenza e Aquileia"

A pagina 28, alla riga 5, leggere: "halstattiana. Se nel secolo precedente la ricchezza e i beni di prestigio..."

A pagina 30, alla riga 11 leggere: "sia Montebelluna e Mel a ovest, sia Oderzo a est..."

A pagina 30, riga 24, leggere "...l'area deltizia del Po"

A pagina 76, riga 23, leggere "...matrice estrusca..."

A pagina 94, riga 15, leggere "di alari, ma anche brucia-profumi..."

A pagina 103, righe 10-11, leggere: "...Frattesina era particolarmente dinamico. Frattesina fu il primo..."

A pagina 104, paragrafo "Altino", righe 1-2, leggere: "...allo sbocco di un sistema Sile-Piave..."

A pagina 126, riga 3, leggere: "...il suo tempo personale per aiutarmi a puntualizzare..."

QUANDO C'ERANO I VENETI, Manuela Giabardo, I edizione

Indice

Nota dell'autore		7
Prefazione		9
Capitolo I	I VENETI ANTICHI	15
	Prima dei Veneti	18
	Di bronzo e d'oro	19
	La lingua	24
	La Società, usi e costumi	25
	Come si vestivano?	31
	La donna	31
	L'uomo	33
Capitolo II	IL VILLAGGIO, LA CASA, IL TERRITORIO	43
Capitolo III	L' ECONOMIA	51
	La ceramica	55
	Le attività femminili	56
	L'arte delle situle	58
	Il cavallo	60
Capitolo IV	RELIGIOSITÀ, CULTO E CREDENZE	75
	Le strutture del culto	79
	Le divinità	83
Capitolo V	NECROPOLI, SEPOLTURE E RITI FUNERARI	91
Capitolo VI	I PRINCIPALI CENTRI VENETI	103
	Frattesina	103
	Altino	104
	Este	106
	Treviso	107
	Padova	108
	Oderzo	110
	Concordia	111
	Vicenza	112
	Montebelluna	113
I principali musei dei Veneti antichi		121
Bibliografia		123
Ringraziamenti		126

Finito di stampare per conto di
Biblioteca dei Leoni
da
Tipografia Asolana - Asolo (TV)
nel mese di Giugno 2016